핸드메이드 선물공예

가죽공예, 수제도장, 홈패션, 서양자수

핸드메이드 선물공예
가죽공예, 수제도장, 홈패션, 서양자수

초판 1쇄 발행 2016년 8월 5일 초판인쇄
지은이 신하원, 김명숙, 이은주, 채혜림, 정애엽
펴낸이 김봉윤
펴낸곳 씨이오메이커(ceomaker)
출판등록 제2013-23호

기획 민보윤
디자인 윤혜성
편집 이현
교정 이주영
마케팅 안신광

주소 서울특별시 관악구 국회단지 20길 16, 101호
전화 02-877-7814
팩스 02-877-7815
이메일 ceomaker@nate.com
홈페이지 www.ceobooks.kr

ISBN 979-11-950416-4-0(13590)
값 18,000원

ⓒ 신하원, 김명숙, 이은주, 채혜림, 정애엽 2016 Printed in Korea

잘못된 책은 구입하신 곳에서 바꾸어 드립니다.
이 책의 전부 또는 일부 내용을 재사용하려면 사전에 저작권자와 펴낸곳의 동의를 받아야 합니다.

이 도서의 국립중앙도서관 출판예정도서목록(CIP)은 서지정보유통지원시스템
홈페이지(http://seoji.nl.go.kr)와 국가자료공동목록시스템(http://www.nl.go.kr/kolisnet)에서
이용하실 수 있습니다. (CIP 제어번호 : CIP2016018174)

Image Contents

PART 01 가죽공예

01 휴대용 이어폰 보관함
016

02 천연 소가죽 수제 다이어리 커버
022

03 반달 파우치
028

04 가죽 필통
035

05 선글라스 케이스
039

06 명함카드 지갑
044

07 여성 장지갑
049

08 남성용 머니클립 반지갑
056

09 전각칼 케이스
061

10 도장 케이스
068

PART 02 수제도장

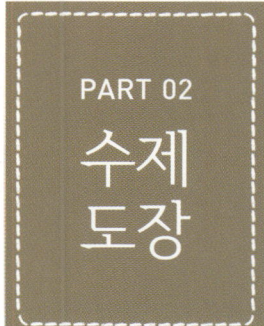
01 달과 별
086

02 시크한 코끼리
091

03 마음을 전하다
094

04 작은 꽃밭
097

05 꿈을 담은 사자자리
099

06 키 작은 나무
102

07 봄을 그리다
105

08 눈꽃 나무
108

09 사랑의 열쇠
111

PART 03 홈 패션

01 기저귀 백팩
118

02 수유용품 가방
125

03 아기배낭
130

04 물통 파우치
134

05 조각 파우치
138

06 카드지갑
142

07 스노우빕
145

08 면 생리대(중형)
148

09 생리대 파우치 I
151

10 생리대 파우치 II
155

11 데님원피스 앞치마
158

PART 04 서양자수

01 아우트라인 스티치
166

02 스트레이트 스티치와 밀 플라워 스티치
168

03 체인 스티치
170

04 플라이 스티치
172

05 페더 스티치
174

06 스타 스티치
177

07 스크롤 스티치
179

08 로프 스티치
181

09 프렌치 노트(프렌치 넛) 스티치
184

10 로제트 체인 스티치
186

11 블랭킷 휠 스티치
189

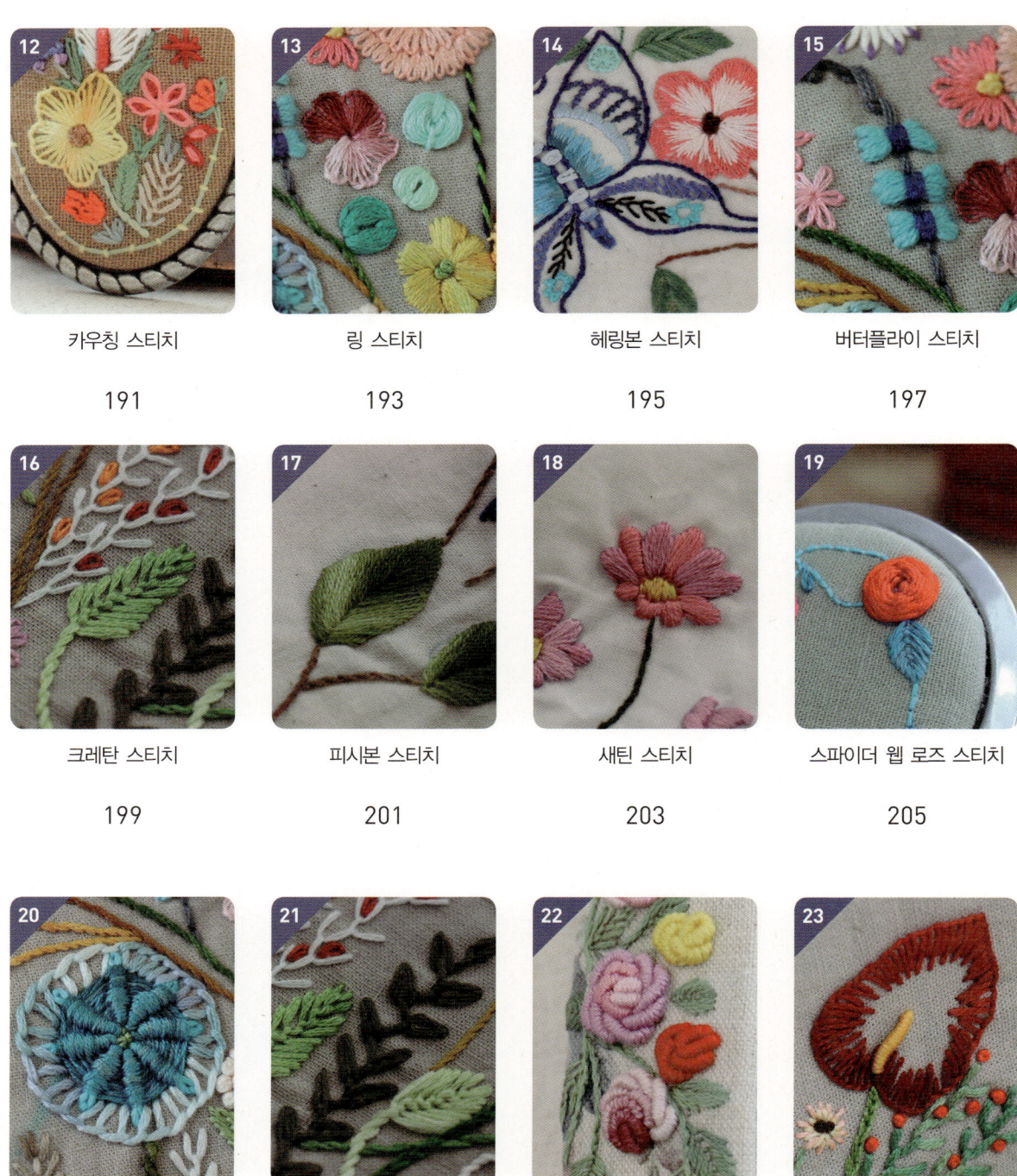

12 카우칭 스티치 191	13 링 스티치 193	14 헤링본 스티치 195	15 버터플라이 스티치 197
16 크레탄 스티치 199	17 피시본 스티치 201	18 새틴 스티치 203	19 스파이더 웹 로즈 스티치 205
20 휘프 스파이더 웹 스티치 207	21 페더체인 스티치 210	22 블리온 노트 로즈 스티치 212	23 블리온 노트 스티치 216

블리온 노트 데이지 스티치
218

휘프 러닝 스티치
220

블랭킷 스티치
222

롱 앤드 쇼트 스티치
224

레이지 데이지 스티치와
더블 레이지 데이지 스티치
226

내 손으로 만드는
행복놀이터!

공예란 무에서 유를 창조하는 그 이상의 의미를 갖고 있어요. 나의 손을 거치면 세상에서 하나뿐인 작품이 탄생하게 되죠. 나만의 개성이 고스란히 담긴 작품은 자신에게는 물론 주위의 많은 사람에게 행복과 기쁨을 전해 줍니다. 공예는 같은 작품을 만들어도 만드는 사람에 따라 조금씩 다른 작품이 나오기에, 모든 사람이 가지고 있는 창조성과 창의성을 마음껏 펼칠 수 있습니다. 따라서 공예는 우리의 삶을 더욱 윤택하고 행복하게 만들어 줄 거예요.

오랜 시간 동안 다양한 공예를 가르치는 교육기관에서 몸담으며 느낀 것은 공예를 배우러 오시는 분들이나 공예를 가르치는 선생님들이나 모두 손으로 무엇인가 만들기를 좋아한다는 공통점이 있다는 것이에요. 재능이 있고 없고를 떠나서 손으로 직접 만들기를 좋아하는 분들이라면 그 누구든지 공예에 부담 없이 도전해 보실 수 있도록 가죽공예, 홈패션, 전각도장, 서양자수 등 다양한 공예를 쉽게 설명한 책을 출간하게 되었답니다. 이 책을 통해 새로운 공예의 세계를 경험하고, 또한 직접 만들어 보면서 스스로에게 뿌듯함을 느끼는 시간이 되었으면 좋겠어요. 더불어 사랑하는 사람에게 직접 선물한다면 행복감과 기쁨으로 충만하게 될 거예요.

이 책을 만들면서 다양한 공예를 한 권의 책으로 엮는다는 것이 쉽지 않은 일이라는 것을 느꼈어요. 수강생들을 가르치시느라 여념이 없는 가운데에서도 좋은 책을 만들기 위해 열정과 협력을 아끼지 않아 주셨던 네 분의 강사 선생님들과 멋진 책으로 잘 꾸며 주신 씨이오메이커 관계자 여러분들께 감사의 말씀을 전합니다.

이 책을 통해 공예를 사랑하시는 여러분들이 자신이 가진 모든 창의력과 상상력을 다양한 작품을 통해 마음껏 펼쳐 보시길 바랍니다. 손의 힘을 믿어 보세요!

광화문풀잎문화센터 원장 **신 하 원**

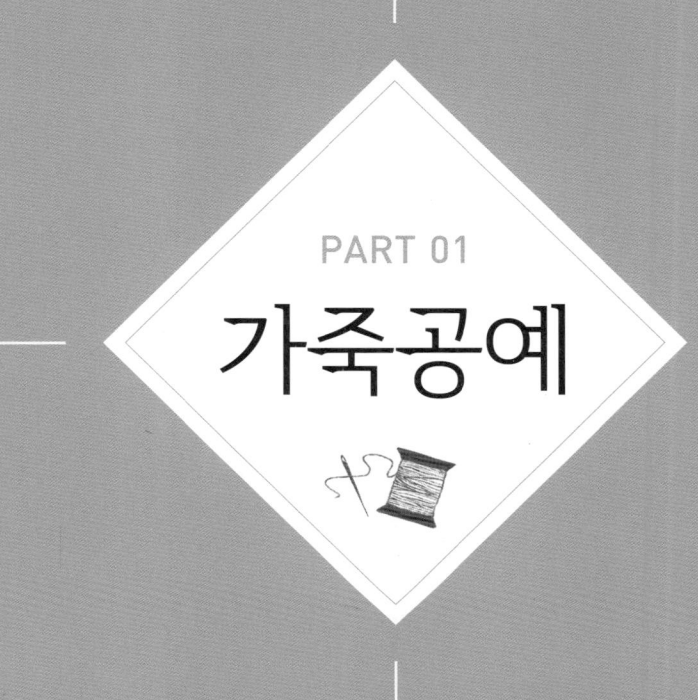

PART 01
가죽공예

가죽공예란

가죽을 이용하여 생활에 도움이 되는 공예품을 만드는 작업입니다. 시간이 지날수록 그 가치와 멋이 더해지는 특징을 가지고 있습니다. 일반적으로 좋은 가죽이란 표면이 매끄럽고 광택이 있으며, 흠집 없는 것을 말합니다. 가죽제품을 만드는 데 있어 표면의 상태는 매우 중요하며 표면의 상태가 좋은 가죽일수록 활용도가 높습니다. 가죽의 표면 부분에 외상이나 흠집이 적어야 실 평수가 많이 나오므로, 경제적인 면에서도 유리합니다.

가죽공예에 필요한 준비물

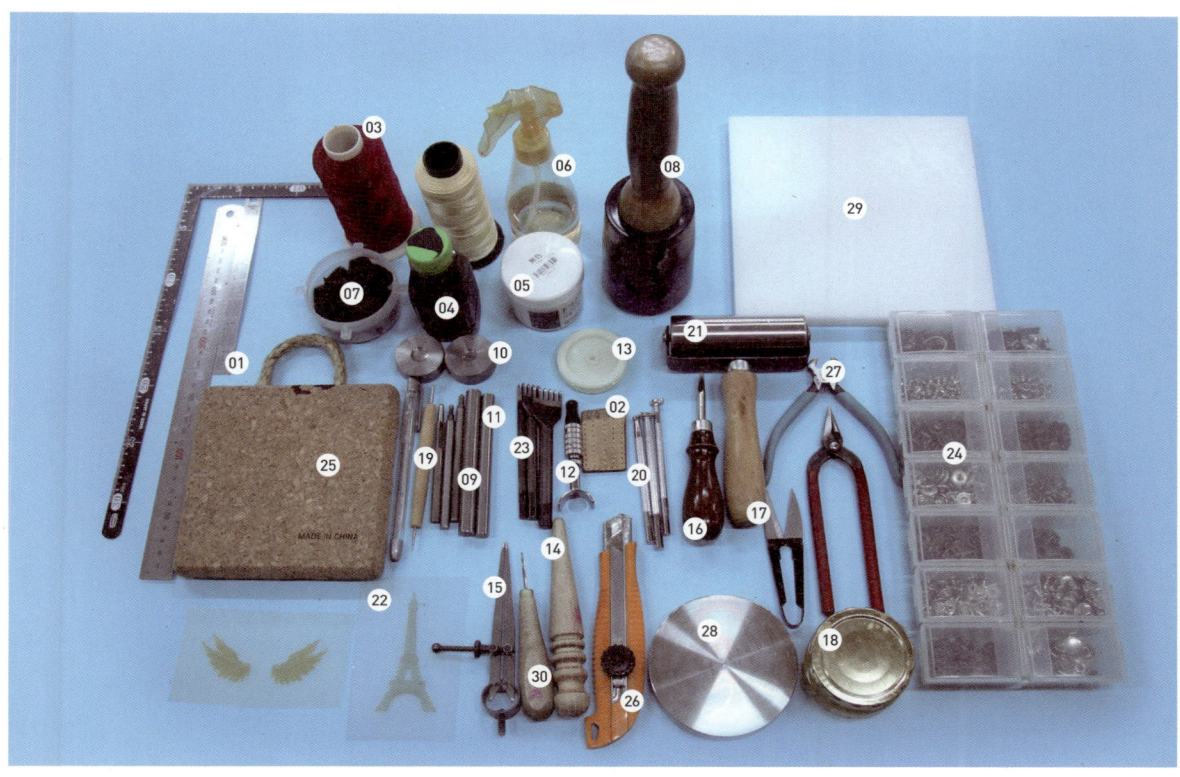

01 **자** : 가죽 재단 시 가로 세로의 직각 상태를 확인할 때 사용
02 **바늘** : 가죽 공예용 바늘
03 **실** : 가죽 공예용 실
04 **기리메** : 가죽을 접합한 단면에 바르는 약품
05 **토코놀** : 가죽의 뒤, 옆면을 보호하는 마무리 약제
06 **물스프레이** : 가죽에 다양한 무늬를 찍을 때 사용
07 **물솜** : 가죽의 옆면 슬리커 사용할 때 사용
08 **우레탄 망치** : 가죽에 구멍을 뚫을 때 사용하는 도구
09 **펀치** : 스프링단추, 가시메 및 기타 가죽에 펀칭할 때 사용하는 도구
10 **다이** : 스프링단추, 가시메를 마무리할 때 사용하는 도구
11 **우찌** : 스프링단추, 가시메를 마무리할 때 사용하는 도구
12 **회전조각도** : 가죽에 선명하게 그림을 그릴 때 사용하는 도구
13 **슬리커** : 가죽의 단면을 매끈하게 처리하는 도구
14 **우드슬리커** : 가죽의 단면을 매끈하게 처리하는 도구
15 **디바이드** : 가죽의 바느질 선을 그을 때 사용하는 도구
16 **엣지베벨로** : 가죽의 모서리를 다듬는 도구
17 **쪽가위** : 가죽전용 실을 자를 때 사용하는 도구
18 **본드** : 가죽을 붙일 때나 속지를 붙일 때 사용
19 **전사펜** : 가죽에 밑그림을 그릴 때 사용
20 **철각인** : 가죽에 무늬를 찍을 때 사용
21 **롤러** : 가죽에 속지를 접착 후 고르게 붙일 수 있도록 눌러 줄 때 사용
22 **수지판** : 가죽에 무늬를 찍을 때 사용
23 **치즐** : 바느질 구멍을 뚫어 주는 도구
24 **액세서리** : 가죽에 필요한 여러 가지 장식용
25 **코르세판** : 송곳이나 마른 송곳으로 가죽에 구멍을 뚫을 때 사용하는 도구
26 **칼** : 가죽을 자를 때 사용하는 도구
27 **방울펀치** : 지퍼의 알을 제거할 때 사용
28 **원형문지** : 재단 시 사용되는 문지
29 **받침판** : 다양한 작업을 할 때 필요
30 **마름송곳** : 여러 정의 가죽에 구멍을 뚫을 때 사용하는 도구

 가죽공예

이어폰을 깔끔하게 정리 할 수 있는
휴대용 이어폰 보관함

이어폰을 깔끔하게 정리할 수 있는 이어폰 보관함입니다.
큰 가방 속에 그냥 넣어 두면 찾기도 불편하고, 줄이 꼬여 불편했던 이어폰을
깔끔하고 간편하게 보관할 수 있죠. 매일 스마트폰으로 음악 듣기를 즐기는 요즘
젊은이들을 위한 핫 아이템이랍니다.

난이도	★★ ★ ★ ★
재단	230page 도안 참조
완성품크기	20×30(mm)

준비물

통가죽, 재단칼, 자주색 염료, 지퍼, 바늘, 실, 쪽가위, 라이터, 왁스, 물솜, 엣지베벨로, 슬리커, 디바이더, 치즐, 철각인, 토코놀, 앞면 마감제, 우레탄 망치, 본드, 본드 주걱, 3mm펀치, 6mm다이, 6mm우찌, 6mm가시메, 10mm다이, 10mm돗도펀치, 10mm우찌, 10mm스프링단추

TIP 1

가죽 바느질의 실 길이는 바느질 할 전체 길이의 4배로 정하고 매듭 부분을 위해 바늘(2개)길이의 각 2배 만큼의 실 길이를 추가로 확보하여 준비합니다.

TIP 2

유성염료를 가죽에 염색할 때는 손쉽게 구할 수 있는 면장갑을 손가락 부분만 잘라 사용하면 좋습니다.

1 재단칼을 이용하여 가죽을 재단합니다.

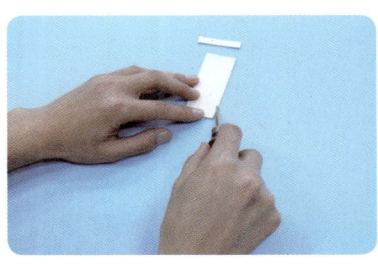

2 엣지베벨로 가죽의 테두리를 다듬어 줍니다.

3 물솜으로 가죽의 테두리에 물을 묻힙니다.

4 슬리커로 가죽의 테두리를 한 번 더 정리합니다.

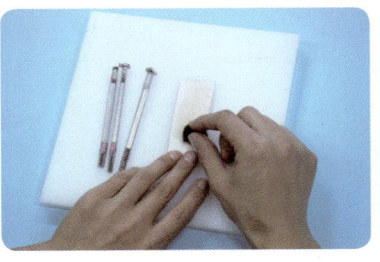

5 물솜으로 가죽 A의 앞면에 물을 묻힙니다.

6 물을 묻힌 가죽 A의 앞면에 철각인을 대고 우레탄 망치를 이용하여 모양을 찍습니다.

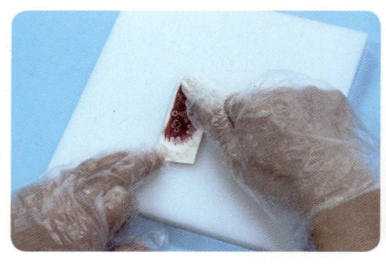

7 비닐장갑과 면장갑을 끼고 원하는 색으로 뒷면에서 앞면 순서로 염색합니다. 여기서는 자주색 염료를 사용하였습니다.

8 뒷면과 옆면에 토코놀을 바릅니다.

9 앞면에 마감재를 바릅니다.

10 디바이더로 가죽 A에 0.3mm 간격으로 바느질 자리를 표시합니다.

11 치즐을 이용하여 우레탄 망치로 두드려 바느질 선을 따라 바느질 구멍을 냅니다.

12 가죽 A, B에 구멍 자리를 표시한 후 3mm 펀치로 구멍을 냅니다.

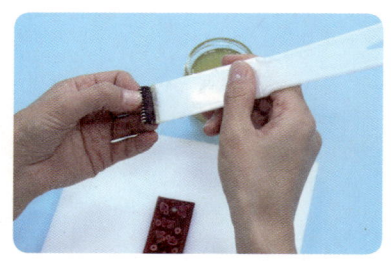

13 지퍼에 본드를 바르고 가죽 A에 붙입니다.

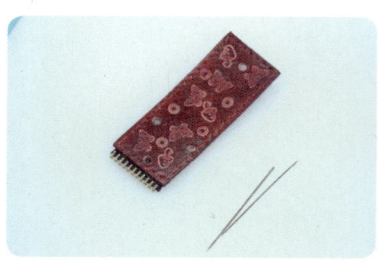

14 지퍼와 바느질 자리가 빠짐이 없는지 확인하고, 바늘 2개를 준비합니다.

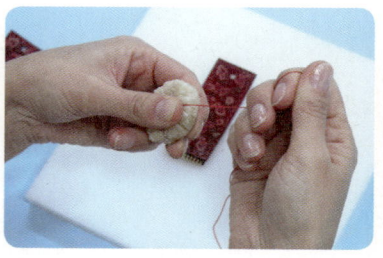

15 실을 준비합니다. 실의 강도를 높이기 위해서 실에 왁스칠을 두 번 정도하고 실의 양 끝은 빳빳하게 유지하기 위해 네 번 정도 왁스칠을 더 해줍니다.

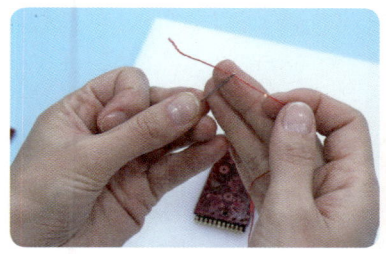

16 바늘에 실을 꿰어 준 후 바늘을 실 길이의 두 배만큼 이동시킵니다.

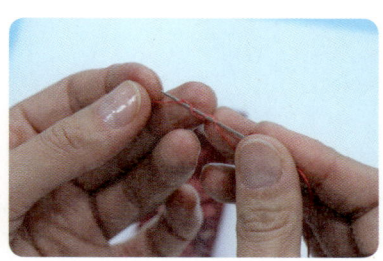

17 조금 남아 있는 실의 중간 부분을 바늘에 관통시키는 방식으로 지그재그 3~4회 반복하여 실을 꿰어 줍니다.

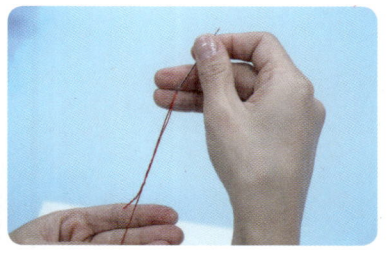

18 관통한 부분을 손가락으로 감싸 잡고 바늘귀 쪽으로 훑어 내려 준 후 긴 실을 잡아당기며 매듭을 짓습니다.

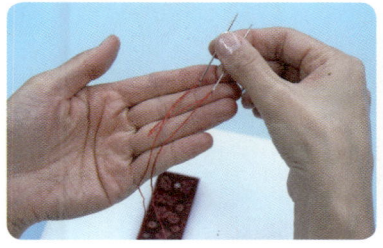

19 반대쪽도 똑같이 바늘을 꿰어 사진처럼 마무리합니다.

20 바느질 시작점에 첫 번째 바늘을 넣고 다음 구멍에 두 번째 바늘을 넣어 줍니다.

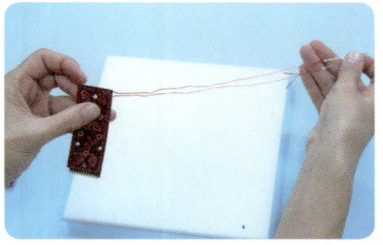

21 실의 길이를 정리하고 첫 번째 구멍의 실을 두 번째 구멍의 실 길이보다 0.5cm 길게 합니다.

22 첫 번째 바늘을 두 번째 구멍으로 관통합니다.

23 앞면과 뒷면의 바늘을 같은 구멍으로 통과하면서 바느질을 시작합니다.

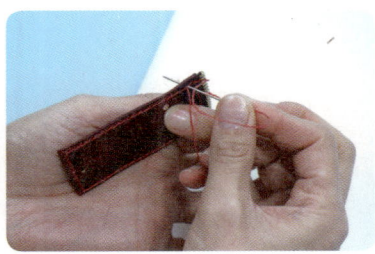

24 전체 바느질이 끝나면 뒷면에 있는 바늘을 뒤 바늘구멍에서 앞면으로, 다시 다음 구멍의 뒷면으로 나옵니다.

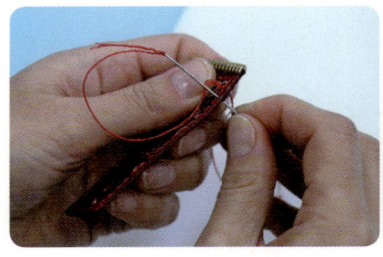

25 앞면 바늘을 뒤 바늘구멍으로 넣어 줍니다.

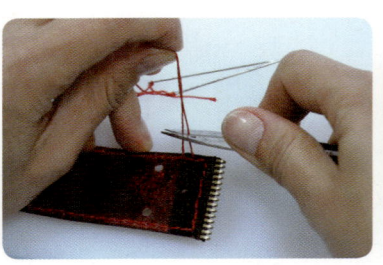

26 바느질이 끝나면 뒷면에서 0.5cm만 남기고 실을 자릅니다.

27 0.5cm 남겨진 실을 열처리하여 마무리합니다.

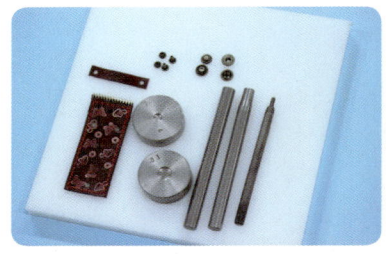

28 가죽 A, B에 필요한 도구를 준비합니다.

29 가죽 A에 필요한 10mm 공구를 준비합니다. 왼쪽부터 10mm 다이, 10mm 스프링 단추 세트(상-ⓐ, 하-ⓑ)를 준비합니다.

30 10mm 다이 위에 구멍 뚫은 가죽 A, 10mm 스프링 단추 하(ⓑ)를 올리고 10mm 돗도펀치를 이용하여 우레탄 망치로 두드려 마무리합니다.

31 다이를 뒤집어 다이의 평평한 부분 위에 나머지 10mm 스프링 단추 상(ⓐ)을 10mm 호크우찌로 고정한 후 우레탄 망치로 두드려 마무리합니다.

32 가죽 B에 필요한 6mm 도구를 준비합니다. 왼쪽부터 6mm 다이, 6mm 가시메 세트(상-ⓐ, 하-ⓑ)를 준비합니다.

33 구멍 뚫은 가죽 A, B에 6mm 가시메 상(ⓑ) 하(ⓑ)를 연결합니다.

 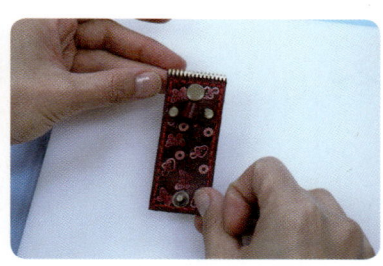 

34 6mm 다이에 가죽에 연결한 6mm 가시메를 올리고 6mm 우찌를 우레탄 망치로 두드려 마무리합니다.

35 가죽에 공구가 바르게 연결되었는지 확인합니다.

36 앙증맞은 이어폰 보관함이 완성되었습니다.

 가죽공예

소중한 일상을 차곡차곡 담을 수 있는
천연 소가죽 수제 다이어리 커버

소중한 일상을 차곡차곡 담을 수 있는 천연 소가죽 다이어리 커버입니다.
여러분들의 소중한 추억과 일상의 기록들을 더욱 오래도록 간직할 수 있겠지요.
새로운 한 해를 시작하며 사랑하는 사람들에게 직접 만든 다이어리 커버를
선물한다면 더욱 값진 선물이 될 거예요.

난이도	★★★★☆
재단	230page 도안 참조
완성품크기	240×180(mm)

준비물

통가죽, 재단칼, 은펜, 하늘색, 노란색 염료, 바늘, 실, 쪽가위, 라이터, 왁스, 물솜, 엣지베벨로, 슬리커, 디바이더, 치즐, 수지판, 토코놀, 우레탄 망치, 본드, 본드 주걱, 3mm 펀치, 6mm 다이, 6mm 우찌, 6mm 가시메, 13mm 다이, 13mm 돗도펀치, 13mm 우찌, 13mm 스프링 단추, 마스킹테이프, 600 사포, 기리메, 후노리

TIP

마스킹테이프를 붙여 통가죽에 작업을 할 때 너무 강하게 붙이지 말아야 합니다. 가죽의 표면이 벗겨질 수 있습니다.

1 통가죽에 준비한 패턴을 올려놓고 재단칼로 정확하게 재단합니다.

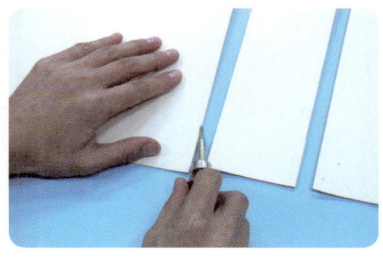

2 엣지베벨로로 가죽 A, B, C, D의 테두리를 다듬어 줍니다.

3 물솜으로 가죽의 테두리에 물을 묻힙니다.

4 슬리커로 가죽 A, B, C, D의 테두리를 한 번 더 정리합니다.

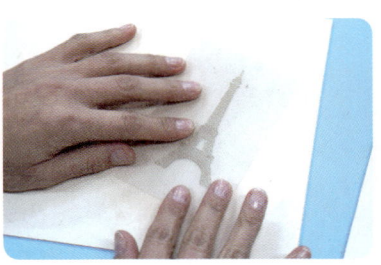

5 가죽 A 앞면에 물을 뿌리고 좋아하는 무늬의 수지판을 올려놓습니다.

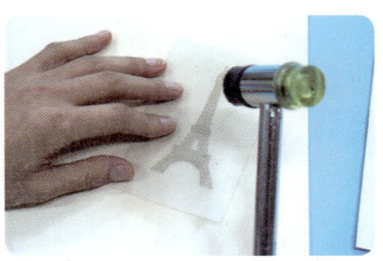

6 수지판 위를 망치로 살살 두드려 줍니다.

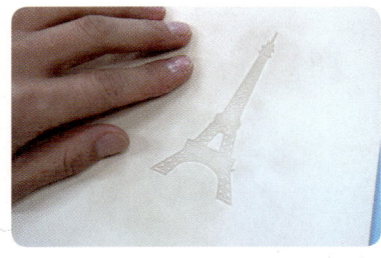
7 무늬가 잘 찍혔는지 확인합니다.

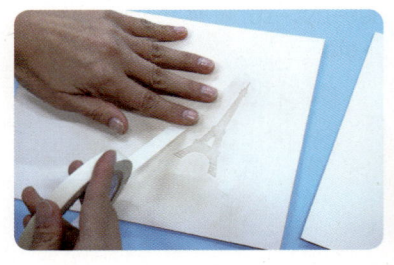
8 찍혀진 무늬 주변으로 마스킹테이프를 붙입니다.

9 가죽 A의 마스킹테이프 안쪽으로 노란색 유성염료를 칠하고, 가죽 B, C도 같은 색으로 칠합니다.

10 가죽 A의 마스킹테이프를 떼지 않고 나머지 부분을 염색한 후 가죽 D에도 마음에 드는 유성염료를 칠합니다. 여기에서는 하늘색 유성염료를 사용하였습니다.

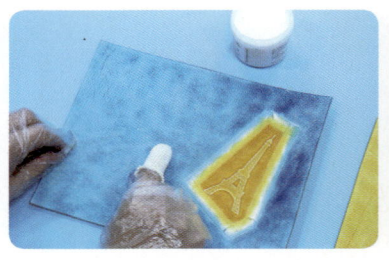
11 토코놀로 뒷면과 테두리를 바르고, 앞면 마감재를 바릅니다.

12 가죽 A의 마스킹테이프를 떼어 냅니다.

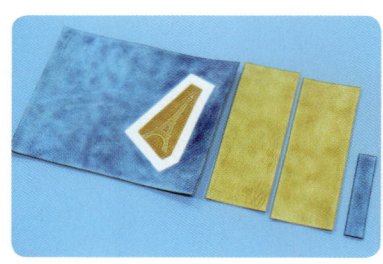
13 가죽 A, B, C, D의 염색이 완료된 모습입니다.

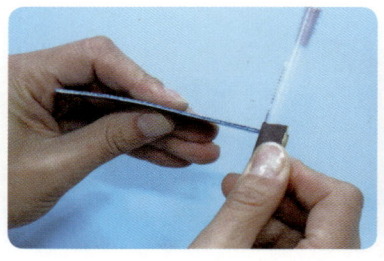
14 가죽 D의 테두리를 600 사포로 부드럽게 다듬어 줍니다.

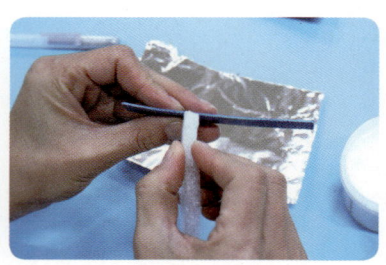
15 가죽의 테두리에 토코놀을 바르고, 완전히 마를 때까지 기다립니다.

16 가죽의 테두리가 마르면, 기리메를 바릅니다. 기리메가 완전히 마르면, 후노리를 바릅니다.

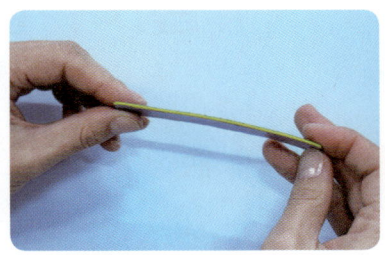

17 15~17번까지의 과정을 3~4번 반복하여 기리메를 바릅니다.

18 가죽 D에 3mm 펀치로 구멍 2개를 뚫어 줍니다.

19 방금 뚫은 구멍의 반대편에는 하나의 구멍을 뚫어 줍니다.

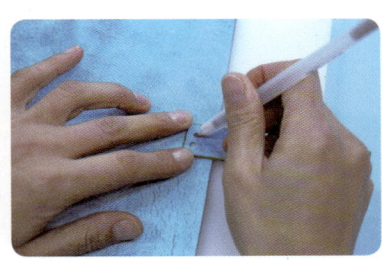

20 가죽 A의 중심을 잡고 은펜으로 구멍 자리를 표시한 후 3mm 펀치로 구멍을 뚫어 줍니다.

21 가죽 D에 필요한 6mm 공구를 준비합니다. 왼쪽부터 6mm 다이, 6mm 가시메 세트(상-ⓐ, 하-ⓑ)를 준비합니다.

22 6mm 다이 위에 구멍 뚫은 가죽 A, D에 상(ⓐ)과 하(ⓑ)를 고정한 후, 6mm 우찌를 이용하여 우레탄 망치로 두드려 마무리합니다.

23 가죽D에 필요한 13mm공구를 준비합니다. 왼쪽부터 13mm 다이, 13mm 스프링단추세트(상-ⓐ, 하-ⓑ)를 준비합니다.

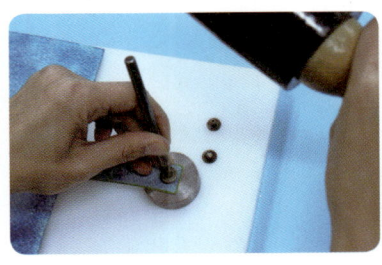

24 13mm 다이 위에 구멍 뚫은 가죽 D를 올리고, 그 위에 스프링 단추 상(ⓐ)을 올린 뒤 13mm 돗도펀치를 이용하여 우레탄 망치로 두드려 마무리합니다.

25 13mm 다이를 뒤집어 구멍 뚫은 가죽 A에 스프링 단추 하(ⓑ)를 올립니다.

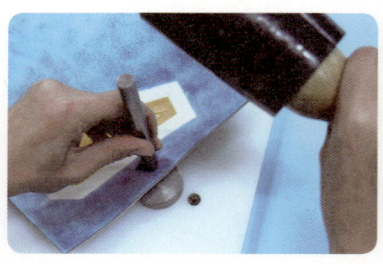

26 13mm 호크우찌를 이용하여 우레탄 망치로 두드려 마무리합니다.

27 디바이더로 가죽 A에 바느질 자리를 표시합니다.

28 가죽 B, C 뒷면에 ㄷ자 모양으로 본드를 칠합니다.

29 가죽 A에 가죽 B, C를 본드로 붙입니다.

30 가죽 A에 치즐로 바느질 자리 구멍을 뚫어 줍니다.

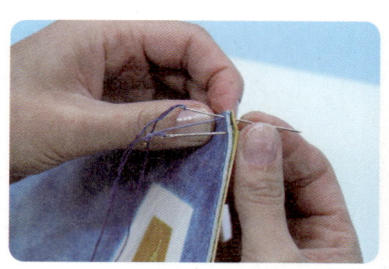

31 가죽 A에 가죽 B, C를 사진처럼 붙여 놓고 바느질을 시작합니다.

32 전체 바느질이 끝나면 뒤쪽에서 0.5cm만 남기고 실을 자릅니다.

33 0.5cm 남겨진 실을 열처리하여 마무리합니다.

34 600 사포로 가죽의 테두리를 부드럽게 정리합니다.

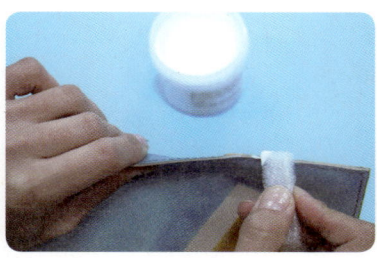

35 토코놀을 얇게 바르고 완전히 마를 때까지 기다립니다.

36 기리메를 바르고 완전히 마른 후, 후노리를 바릅니다. 34~36번 과정까지 3~4회 반복하여 기리메를 바릅니다.

37 기리메를 바르고 완전히 마른 후의 사진입니다.

38 한 해의 소중한 추억을 차곡차곡 담을 수 있는 다이어리 커버가 완성되었습니다.

가죽공예

여성을 위한 뷰티 필수 아이템
반달 파우치

센스 있는 여성이라면 누구나 파우치 하나쯤 가지고 다니지요.
가죽으로 만들어 튼튼하고, 손때가 묻을수록 더욱 특별해지는 여성을 위한
뷰티 필수 아이템, 반달 파우치랍니다. 여성스러움이 물씬 나는 반달 파우치는
한번 만들어 두면 아주 오랫동안 여러분의 가장 친한 친구가 되어 줄 거예요.

난이도	★★★★★
재단	231page 도안 참조
완성품크기	160×80×100(mm)

준비물

통가죽, 재단칼, 꽃그림 도안, 트레생지, 샤프, 지우개, 전사펜, 회전 조각도, 속지, 은펜, 빨강색 염료, 바늘, 실, 왁스, 쪽가위, 라이터, 물솜, 엣지베벨로, 슬리커, 우드슬리커, 디바이더, 치즐, 토코놀, 기리메, 후노리, 우레탄 망치, 본드, 본드 주걱, 3mm 펀치, 6mm 다이, 6mm 우찌, 6mm 가시메, 600 사포, 5호 지퍼, 5호 지퍼슬라이더, 지퍼스토퍼, 방울집게

TIP

지퍼에 슬라이더를 끼우고 스토퍼를 고정시킬 땐 반드시 스토퍼 고정 부분을 열처리한 후 스토퍼를 고정해야 합니다.

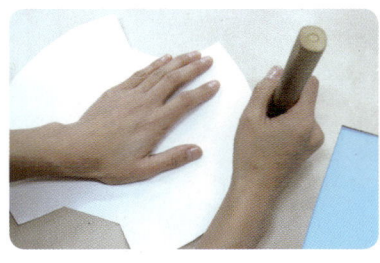

1 통가죽 위에 준비한 패턴을 올려놓고 재단칼로 정확하게 재단합니다.

2 엣지베벨로 가죽의 테두리를 다듬어 줍니다

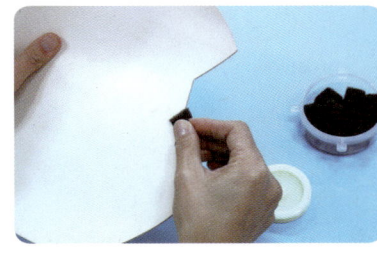

3 물솜으로 가죽의 테두리에 물을 묻힙니다.

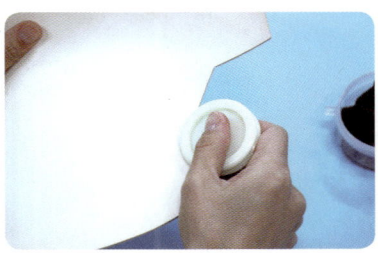

4 슬리커로 가죽의 테두리를 한 번 더 정리합니다.

5 가죽A에 각진부분은 우드슬리커로 한 번더 정리합니다.

6 꽃그림 도안에 트레생지를 올리고 고정 한 후, 샤프를 이용하여 도안을 정확하게 그립니다.

7 꽃그림 도안이 그려졌습니다.

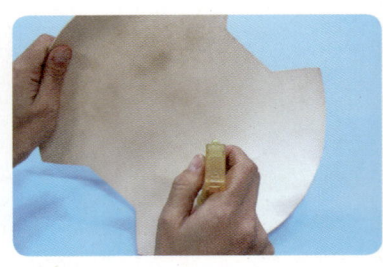

8 가죽에 물을 뿌립니다.

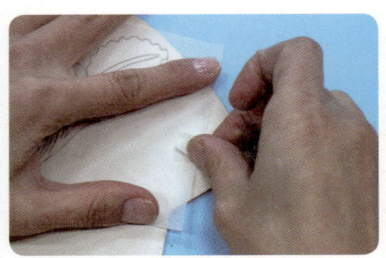

9 가죽 위에 꽃그림의 위치를 잡고 마스킹테이프로 고정합니다.

10 전사펜을 이용하여 도안을 따라 가죽 위에 그림을 그립니다.

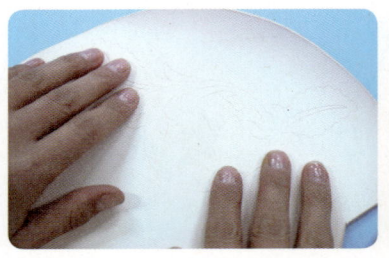

11 가죽 위에 그림이 정확하게 그려졌는지 확인합니다.

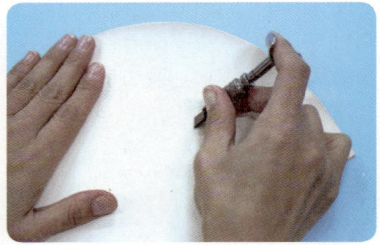

12 회전조각도를 사용하여 한 번 더 그림을 그립니다.

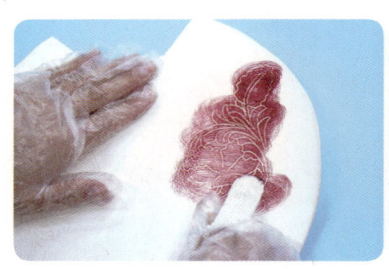

13 비닐장갑과 면장갑을 끼고 가죽 A를 원하는 색으로 뒷면에서 앞면 순서로 염색합니다. 여기서는 빨간색 염료로 꽃그림에 포인트를 주어 염색하였습니다.

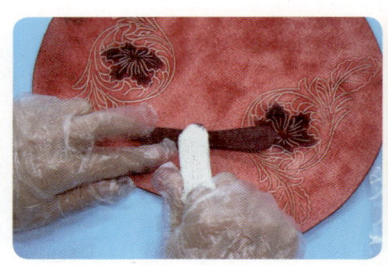

14 가죽 B도 빨간색으로 진하게 염색합니다.

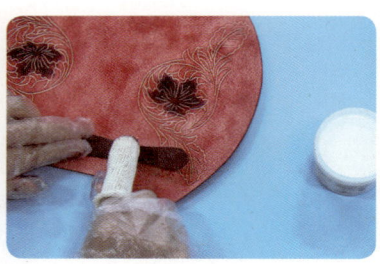

15 토코놀을 가죽 A, B의 뒷면과 테두리에 칠하고, 앞면은 앞면 마감재를 칠합니다.

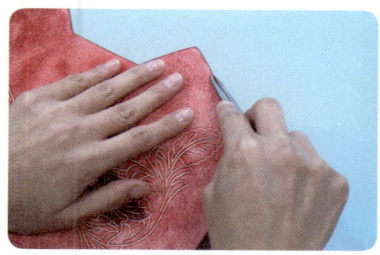
16 가죽 A에 디바이더로 바느질 자리를 표시합니다.

17 가죽 A에 맞게 지퍼를 준비하고 지퍼의 끝부분은 열처리하여 정리합니다.

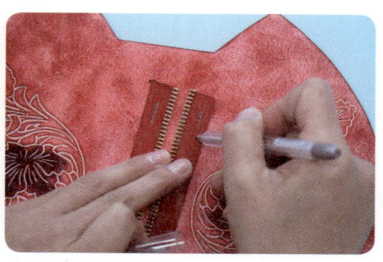
18 지퍼의 앞, 뒷면을 은펜으로 표시합니다.

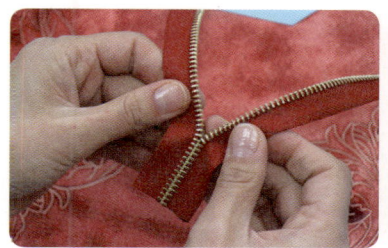
19 지퍼를 나누어 줍니다.

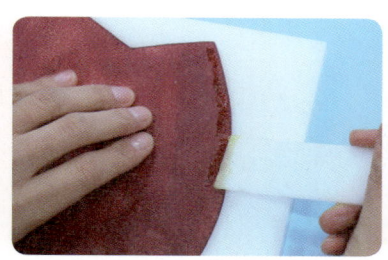
20 가죽 A의 곡선 부분에 본드 칠을 합니다.

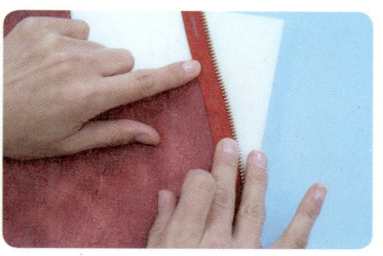
21 가죽 A에 지퍼를 붙여 줄 차례입니다.

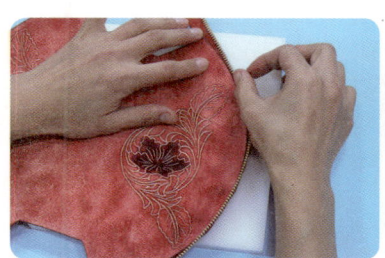
22 가죽과 지퍼 사이의 간격을 0.3mm 남깁니다.

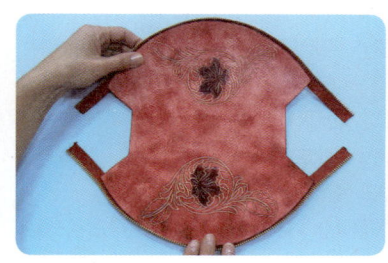
23 사진처럼 가죽 A에 지퍼를 붙입니다.

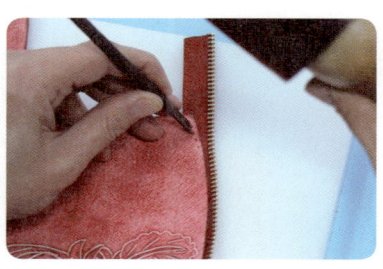
24 가죽 A에 치즐로 구멍을 뚫어 줍니다.

25 가죽 A의 지퍼를 붙이지 않은 부분도 치즐로 구멍을 뚫어 줍니다.

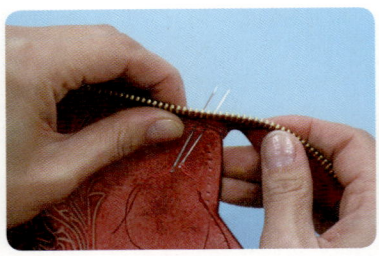
26 가죽 A의 지퍼 부분을 바느질합니다.

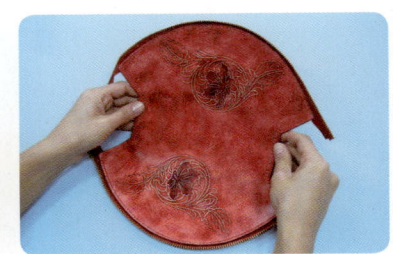
27 가죽 A에 지퍼 부분 바느질이 끝난 모습입니다.

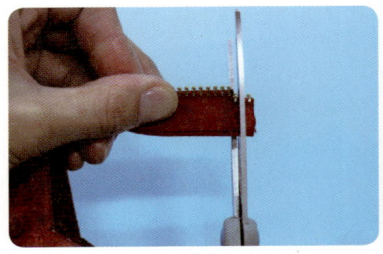
28 지퍼의 길이를 일정하게 맞추어 가위로 자릅니다.

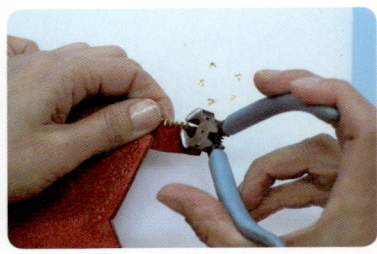
29 방울집게를 이용하여 지퍼의 양 끝부분에 있는 지퍼알을 빼줍니다.

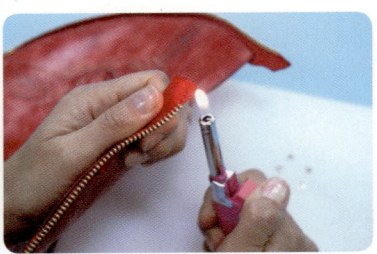
30 지퍼알을 뺀 자리를 열처리하여 정리합니다.

31 지퍼 슬라이더를 벌어진 지퍼 사이로 끼워 넣어 줍니다.

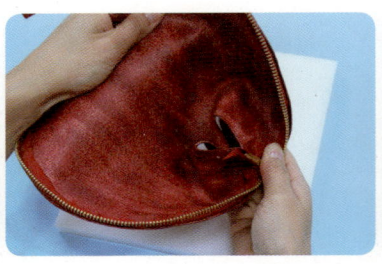
32 가죽 A를 뒷면이 보이도록 뒤집어 줍니다.

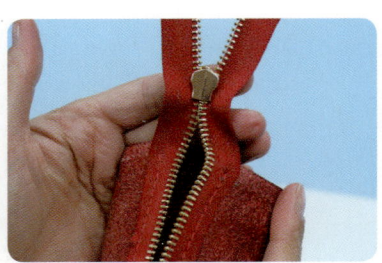
33 지퍼알을 빼지 않은 부분으로 슬라이더를 끼워 넣어 줍니다.

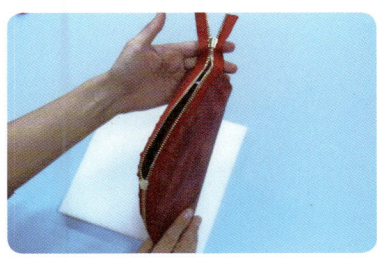

34 지퍼에 슬라이더가 끼워진 모습입니다.

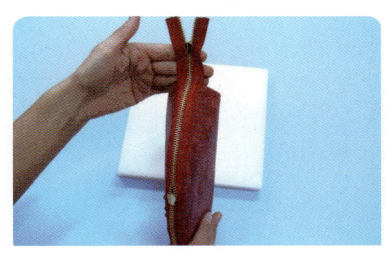

35 2개의 슬라이더 중에 정면에 보이는 슬라이더를 지퍼에서 빼줍니다.

36 X스토퍼를 지퍼에 끼웁니다.

37 공구를 이용하여 한쪽씩 고정합니다.

38 지퍼에 슬라이더와 X스토퍼를 고정한 모습입니다.

39 가죽의 옆면을 집게로 고정한 후 한쪽 끝 부분부터 중심선까지 바느질합니다.

40 나머지 한쪽도 같은 방법으로 바느질합니다.

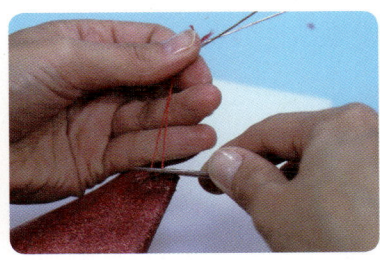

41 바느질이 끝나면 뒷면에 있는 바늘을 뒤 바늘구멍에서 앞면으로, 다시 다음 뒷구멍의 뒷면으로 넣어 마무리합니다. 그리고 앞면 바늘을 뒤쪽 바늘구멍으로 넣어 줍니다.

42 바느질이 끝나면 뒤쪽에서 0.5cm만 남기고 실을 자른 후 열처리하여 마무리합니다. 40~43번 과정처럼 반대편도 바느질하여 마무리합니다.

PART 01 가죽공예 | 반달 파우치

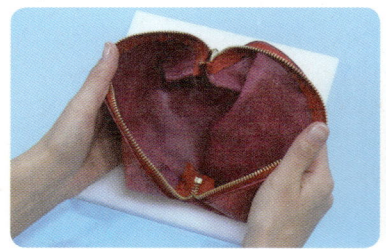

43 가죽을 뒤집어 줍니다.

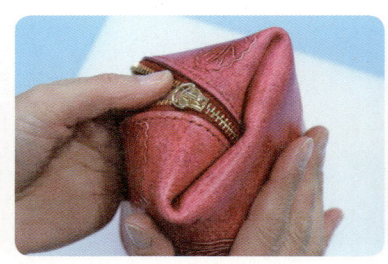

44 옆면을 깔끔하게 정리합니다.

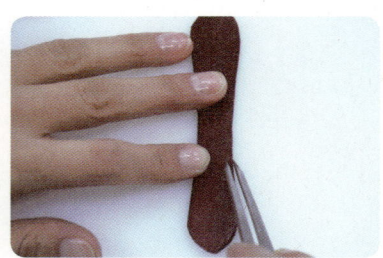

45 디바이더로 가죽 B에 바느질 구멍 자리를 표시합니다.

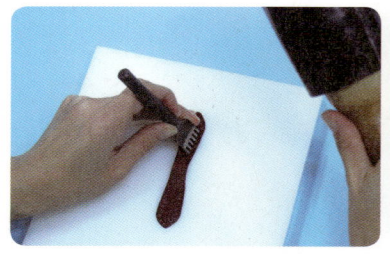

46 치즐을 이용하여 가죽 B에 바느질 구멍을 뚫어 줍니다.

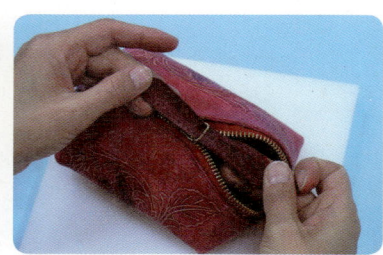

47 슬라이더에 가죽 B를 끼웁니다.

48 가죽 B를 본드로 붙입니다.

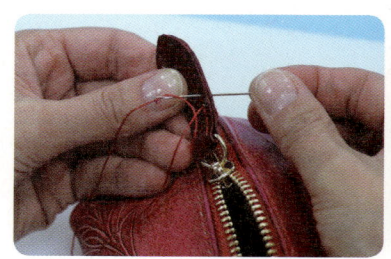

49 가죽 B를 바느질합니다.

50 바느질을 마무리한 모습입니다.

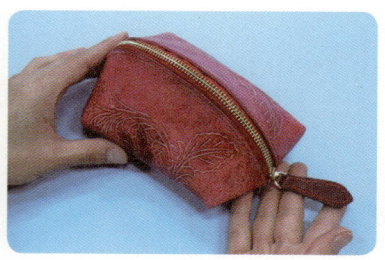

51 여성을 아름답게 만들어 주는 영원한 친구, 반달 파우치가 완성되었습니다.

가죽공예

자유자재로 마술처럼 열리는

가죽 필통

자유자재로 마술처럼 열리는 가죽 필통입니다. 휴대하기 간편하고,
가죽으로 만들어 모양이 쉽게 흐트러지지 않는다는 장점이 있죠.
어디를 가든 함께하고 싶을 만큼 활용도 높은 가죽 필통을 만들어 보세요.

난이도	★★★☆☆
재단	231page 도안 참조
완성품크기	200×70.5(mm)

준비물

통가죽, 재단칼, 은펜, 카키색 염료, 바늘, 실, 왁스, 라이터, 쪽가위, 물솜, 토코놀, 앞면 마감재, 엣지베벨로, 슬리커, 디바이더, 치즐, 우레탄 망치, 3mm 펀치, 13mm 다이, 13mm 돗도펀치, 13mm 우찌, 13mm 스프링 단추

1 재단칼을 이용하여 가죽 A, B를 재단합니다.

2 엣지베벨로로 가죽 A, B의 테두리를 다듬어 줍니다.

3 물솜으로 가죽 A, B의 테두리에 물을 묻힙니다.

4 슬리커로 가죽 A, B의 테두리를 한 번 더 정리합니다.

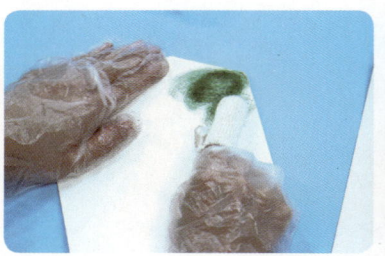

5 비닐장갑과 면장갑을 끼고 원하는 색으로 뒷면에서 앞면 순서로 염색합니다. 여기에서는 카키색 염료를 사용하였습니다.

6 뒷면과 옆면에 토코놀을 바르고, 앞면은 앞면 마감재를 바릅니다.

7 디바이더를 이용하여 가죽 A, B의 끝 부분에 0.3mm 간격으로 바느질 자리를 표시합니다.

8 치즐을 이용하여 우레탄 망치로 두드려 가죽 A, B의 바느질 선을 따라 바느질 구멍을 냅니다.

9 가죽 A, B를 바느질합니다. 첫 시작점에 바늘을 넣고 다음 구멍에 두 번째 바늘을 넣습니다. 첫 번째 구멍의 실을 두 번째 구멍의 실 길이보다 0.5cm 길게 두고, 첫 번째 바늘을 두 번째 구멍으로 넣어 바느질합니다.

10 가죽 A, B를 끝까지 바느질하여 마무리합니다.

11 은펜을 사용하여 가죽 A, B에 구멍 자리를 표시합니다.

12 가죽 A, B에 구멍 자리를 표시한 모습입니다.

13 표시한 구멍 자리에 3mm 펀치로 구멍을 뚫어 줍니다.

14 사진과 같이 가죽 A, B에 구멍이 뚫어졌는지 확인합니다.

15 가죽 A, B에 필요한 13mm 공구를 준비합니다. 왼쪽부터 13mm 다이, 13mm 스프링 단추 세트(상-ⓐ, 하-ⓑ)를 준비합니다.

16 13mm 다이 위에 구멍 뚫은 가죽 A와 13mm 스프링 단추 상(ⓐ)을 올리고 13mm 돗도펀치를 이용하여 우레탄 망치로 두드려 마무리합니다. 가죽 A는 한쪽만, 가죽 B는 양쪽 끝부분을 마무리합니다.

17 가죽 A, B의 나머지 구멍을 사진처럼 겹쳐 놓고, 다이를 뒤집어 다이의 평평한 부분 위에 나머지 13mm 스프링 단추 하(ⓑ)를 13mm 호크 우찌로 고정한 후 우레탄 망치로 두드려 마무리합니다.

18 가죽 A, B가 마무리되었습니다.

19 필통의 앞모습입니다.

20 필통의 뒷모습입니다.

21 활용도 높은 가죽 필통이 완성되었습니다.

 가죽공예

독특한 디자인으로 특별함이 더해지는
선글라스 케이스

튼튼한 가죽으로 내구성을 살리고 독특한 디자인으로 특별함까지 더한 선글라스 케이스예요. 소중한 선글라스를 안전하게 보관할 수 있고, 어디에 들고 다녀도 멋스럽답니다.

난이도 ★★★★☆
재단 232page 도안 참조
완성품크기 190×150(mm)

준비물

통가죽, 재단칼, 속지, 속지 재단용 가위, 은펜, 노란색 염료, 바늘, 실 ,왁스, 물솜, 600사포, 기리메, 후노리, 엣지베벨로, 슬리커, 우드슬리커, 디바이더, 치즐, 토코놀, 앞면 마감재, 우레탄 망치, 본드, 본드 주걱, 본드롤, 3mm 펀치, 13mm 다이, 13mm 돗도 펀치, 13mm 우찌, 13mm 스프링 단추

TIP

두 장을 겹쳐 바느질할 때에는 바늘 땀 개수를 정확하게 체크하고 바느질 해야 합니다.

1 통가죽에 준비한 패턴을 올려놓고 재단용 가위로 정확하게 재단합니다.

2 속지에 패턴을 올려놓고 은펜으로 팬턴보다 1cm 크게 그려 재단합니다.

3 엣지베벨로로 가죽 A, B의 테두리를 다듬어 줍니다.

4 물솜으로 가죽의 테두리에 물을 묻힙니다.

5 슬리커로 가죽 A, B의 테두리를 한 번 더 정리합니다.

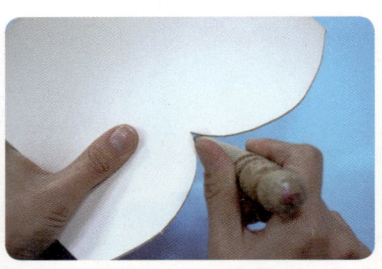

6 슬리커로 정리할 수 없는 부분은 우드슬리커를 이용하여 한 번 더 정리합니다.

7 비닐장갑과 면장갑을 끼고 가죽 A, B에 노란색 염료를 바릅니다.

8 가죽 A, B의 앞면에 앞면 마감재를 바릅니다.

9 가죽 A, B에 본드 칠을 하고 속지를 붙입니다.

10 속지를 붙인 가죽 A, B에 본드가 완벽하게 붙을 수 있도록 본드 롤을 밀어 줍니다.

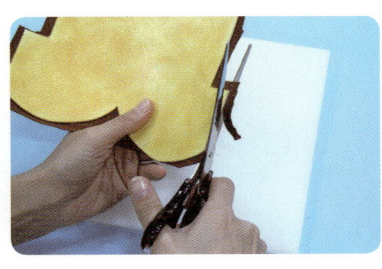

11 가죽 A, B을 재단용 가위로 속지에 맞게 자릅니다.

12 디바이더를 이용하여 가죽 B의 끝부분에 0.3mm 간격으로 바느질 자리를 표시합니다.

13 치즐을 이용하여 우레탄 망치로 두드려 바느질 선을 따라 바느질 구멍을 냅니다.

14 가죽 B를 바느질하되 반대편까지만 하고 매듭지어 마무리합니다.

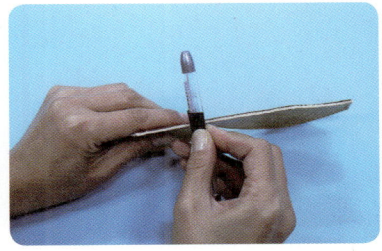

15 가죽 B의 한쪽 면 바느질이 끝나는 부분에 기리메 칠을 할 차례입니다. 먼저, 600 사포로 밑면을 부드럽게 다듬어 줍니다.

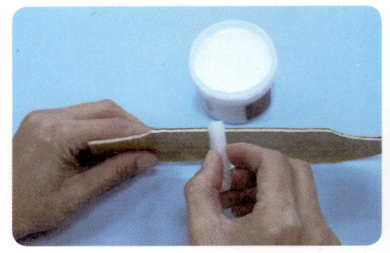

16 가죽 B의 밑면에 토코놀을 바른 후, 완전히 마를 때까지 기다립니다.

17 가죽이 완전히 마르면 기리메를 바르고, 기리메가 완전히 마르면 후노리를 바릅니다. 15~17번까지의 과정을 3~4회 반복하여 기리메를 발라 줍니다.

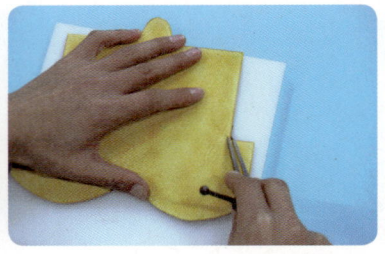

18 가죽 A에 디바이더로 바느질 구멍 자리를 표시합니다.

19 가죽 A에 치즐로 바느질 자리 구멍을 뚫어 줍니다. 가죽 A의 아래쪽에 치즐로 구멍을 뚫을 때에는 가죽 B의 아래쪽 바느질 자리를 꼭 체크해야 합니다.

20 가죽 A에 3mm 펀치로 구멍을 뚫어 준 후, 가죽 B에 구멍 자리를 은펜으로 표시합니다.

21 3mm 펀치로 가죽 B에 구멍을 뚫어 줍니다.

22 가죽 A, B에 필요한 13mm 공구를 준비합니다. 왼쪽부터 13mm 다이, 13mm 스프링 단추 세트(상-ⓐ, 하-ⓑ)를 준비합니다.

23 가죽 A 13mm 다이 위에 구멍 뚫은 가죽 A에 스프링 단추 상(ⓐ)을 올리고 13mm 돗도펀치를 이용하여 우레탄 망치로 두드려 마무리합니다.

24 13mm 다이를 뒤집어 구멍을 뚫은 가죽B에 스프링 단추 하(ⓑ)를 올리고 13mm 호크우찌를 이용하여 우레탄 망치로 두드려 마무리합니다.

25 가죽 A, B에 13mm 스프링 단추 달기를 완료한 모습입니다.

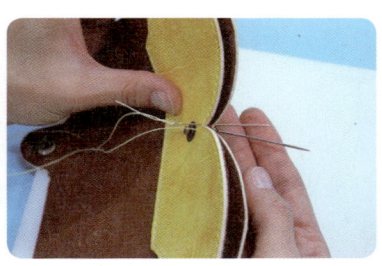

26 가죽 A, B의 바느질을 시작할 차례입니다. 단추 아래 구멍을 중심으로 오른쪽에서 왼쪽 순서로 바느질합니다.

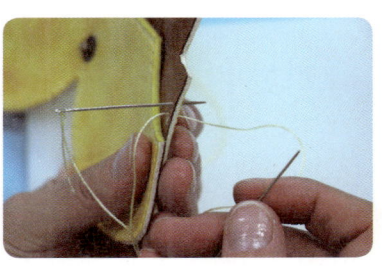

27 가죽 A, B의 양쪽 방향 바느질을 두 장이 겹치는 부분에서 마무리합니다.

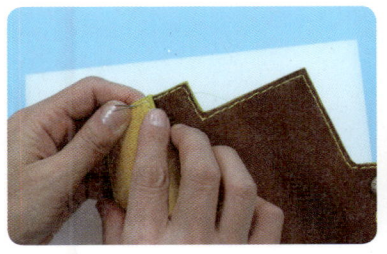

28 나머지 부분도 바느질하여 마무리합니다.

29 가죽 A, B의 바느질이 마무리된 모습입니다.

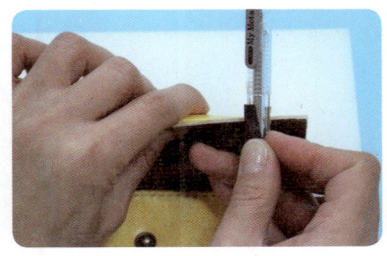

30 가죽 A, B의 나머지 부분에 기리메 칠을 할 차례입니다. 먼저, 600 사포로 밑면을 부드럽게 다듬어 줍니다.

31 밑면에 토코놀을 발라 완전히 마를 때까지 기다립니다.

32 완전히 마른 뒤에 기리메를 바르고, 기리메가 완전히 마르면 후노리를 바릅니다. 30~32번까지의 과정을 3~4회 반복하여 기리메를 바릅니다.

33 나만의 독특한 선글라스 케이스가 완성되었습니다.

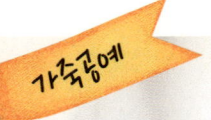

그대와 나, 우리의 관계를 더욱 돈독하게 만들어 줄
명함카드 지갑

그대와 나, 우리의 관계를 더욱 돈독하게 만들어 줄 명함카드 지갑입니다.
카드와 명함을 함께 보관할 수 있으니 어디에 가든지 간편하게 이 카드지갑 하나면 되겠죠.
다양한 색감을 사용하여 더욱 색다르게 만들어 보세요.

난이도 ★★★★★
재단 232page 도안 참조
완성품크기 100×80(mm)

준비물

통가죽, 재단칼, 보라색 염료, 은펜, 수지판, 철각인, 바늘, 실, 왁스, 쪽가위, 라이터, 물솜, 물 스프레이, 600사포, 기리메, 후노리, 엣지베벨로, 슬리커, 디바이더, 치즐, 토코놀, 앞면 마감재, 우레탄 망치, 본드, 본드 주걱, 3mm 펀치, 10mm 다이, 10mm 링돗도 펀치, 10m 링타입 단추

TIP

두 장을 겹쳐 바느질할 때에는 바늘 땀 개수를 정확하게 체크하고 바느질해야 합니다.

1 통가죽에 준비한 패턴을 올려놓고 재단칼로 정확하게 재단합니다.

2 엣지베벨로로 가죽 A, B, C, D의 테두리를 다듬어 줍니다.

3 물솜으로 가죽의 테두리에 물을 묻힙니다.

4 슬리커로 가죽의 테두리 부분을 한 번 더 정리합니다.

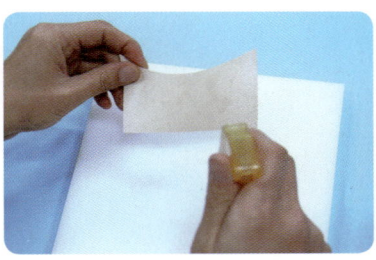

5 가죽 A, B에 물 스프레이를 뿌립니다.

6 가죽 A에 다양한 철각인을 우레탄망치로 두드려 무늬를 새깁니다.

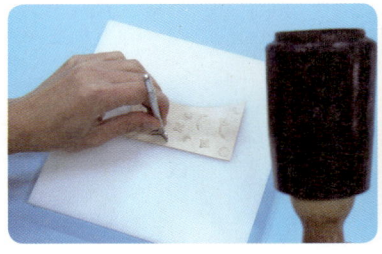

7 가죽 B에도 철각인을 찍어 줍니다.

8 가죽 C, D에 물 스프레이를 뿌립니다.

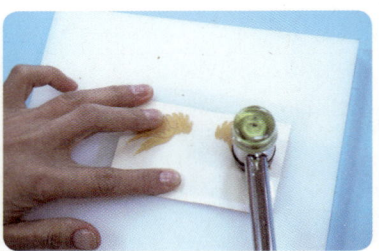

9 가죽 C, D에 수지판을 올려놓고 망치로 두드립니다.

10 가죽 C, D에 무늬가 찍힌 모습입니다.

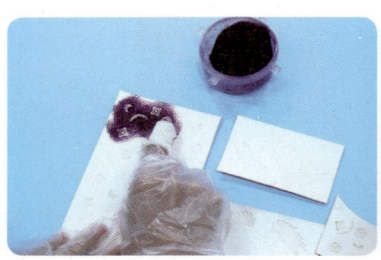

11 가죽 A, B, C, D를 비닐장갑과 면장갑을 끼고 원하는 색으로 뒷면에서 앞면 순서로 염색합니다. 여기서는 보라색 염료를 사용하였습니다.

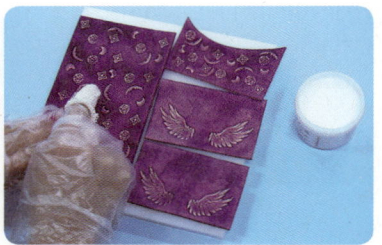

12 가죽 A, B, C, D의 뒷면과 옆면에 토코놀을 바르고, 앞면에는 앞면 마감재를 바릅니다.

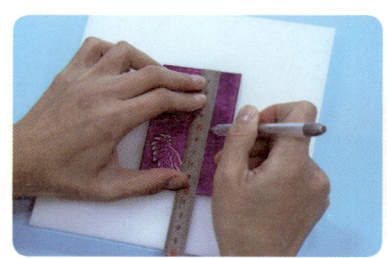

13 가죽 C, D에 구멍 자리를 표시합니다.

14 가죽 C, D에 3mm 펀치로 구멍을 뚫어 줍니다.

15 가죽 C, D에 구멍이 뚫린 모습입니다.

16 가죽 B에 ㄷ자 모양으로 0.5cm 정도 본드를 칠합니다.

17 가죽 B를 가죽 A에 붙입니다.

18 가죽 A, B를 디바이더로 바느질 자리를 표시합니다.

19 가죽 C, D에 필요한 10mm 공구를 준비합니다. 왼쪽부터 10mm 다이, 10mm 링타입 단추 세트(상-ⓐ, 하-ⓑ)를 준비합니다.

20 10mm 다이에 구멍 뚫은 가죽 C에 상(ⓐ)을 올리고 10mm 링타입 돗도펀치를 이용하여 우레탄 망치로 두드려 마무리합니다.

21 10mm 다이에 구멍 뚫은 가죽 D에 하(ⓑ)를 올리고 10mm 링타입의 돗도펀치를 이용하여 우레탄 망치로 두드려 마무리합니다.

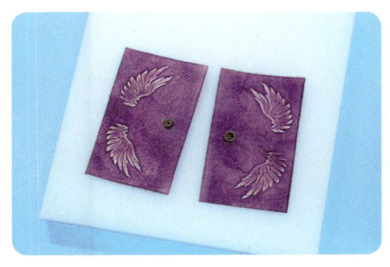

22 가죽 C, D에 10mm 링타입 단추를 달아 준 모습입니다.

23 가죽 C, D에 ㄷ자 모양으로 0.5cm 정도 본드를 칠합니다.

24 가죽 C, D를 가죽 A 뒷면에 붙입니다.

25 치즐로 바느질 자리구멍을 뚫어 줍니다.

26 전체 바느질을 시작합니다.

27 전체 바느질이 완성된 모습입니다.

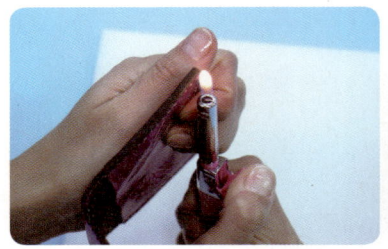
28 가죽에 뒷면에서 실을 0.5cm만 남기고 쪽가위로 자른 후 열처리합니다.

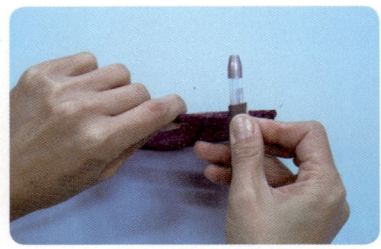
29 600 사포로 밑면을 부드럽게 다듬어 줍니다.

30 밑면에 토코놀을 바른 후 완전히 마를 때까지 기다립니다.

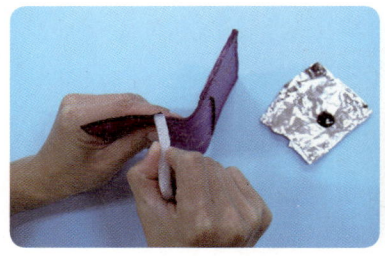
31 기리메를 바르고, 완전히 마르면 후 노리를 바릅니다. 29~31번까지의 과정을 3~4회 반복하여 기리메를 바릅니다.

32 카드지갑의 앞쪽에 천사날개로 포인트를 주었습니다.

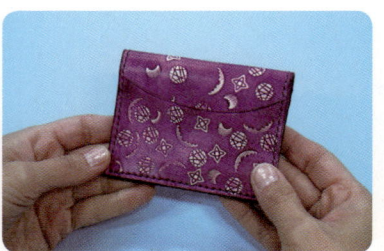
33 안쪽에는 명함을 꽂고 바깥쪽에는 카드를 꽂아 효율적으로 사용할 수 있도록 만든 카드지갑이 완성되었습니다.

가죽공예

영수증을 간편하게 보관할 수 있도록 만든 실용성 있는
여성 장지갑

갖은 영수증들로 지저분해진 내 지갑 때문에 고민하신 적 있으신가요?
영수증을 받는 대로 간편하게 바로 보관할 수 있도록 만든 실용성 있는 여성 장지갑입니다.
이 장지갑 하나면 많은 영수증 등이 깔끔하게 정리될 수 있어요.
내 손으로 만들었기에 더욱 특별한 여성 장지갑이랍니다.

난이도	★★★★★
재단	233page 도안 참조
완성품크기	200×90(mm)

준비물

통가죽, 재단칼, 원형문지, 방울펀치, 지퍼, 슬라이더, 스토퍼, 속지, 속지 재단용 가위, 은펜, 자, 송곳, 빨강색 염료, 바늘, 실, 왁스, 쪽가위, 라이터, 물솜, 600사포, 기리메, 후노리, 엣지베벨로, 슬리커, 디바이더, 치즐, 토코놀, 앞면 마감재, 우레탄 망치, 본드, 본드 주걱, 본드롤, 3mm 펀치, 6mm 다이, 6mm 우찌, 6mm 골드가시메

TIP

기리메 칠을 할 때는 기리메가 완전히 마른 후 다음 작업을 해야 합니다.

1 원형문지를 올려 가죽을 고정시킨 후 준비한 패턴을 올려놓고 재단칼로 정확하게 재단합니다.

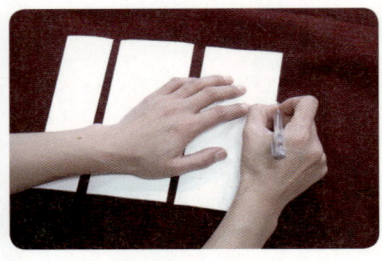

2 속지에 패턴을 올려놓고 은펜으로 패턴보다 1cm 크게 그려 재단합니다.

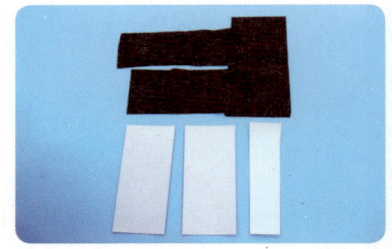

3 재단이 완료된 가죽과 속지입니다.

4 엣지베벨로를 이용하여 가죽 A, B, C, D의 테두리 부분을 다듬어 줍니다.

5 물솜으로 가죽의 테두리에 물을 묻힙니다.

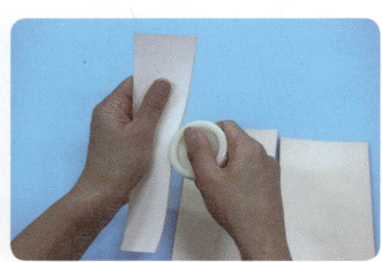

6 슬리커를 이용하여 가죽 테두리 부분을 한 번 더 정리합니다.

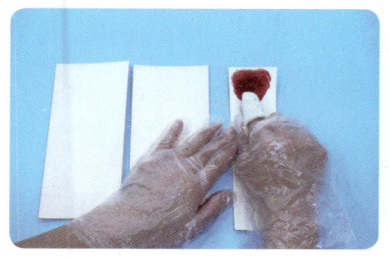 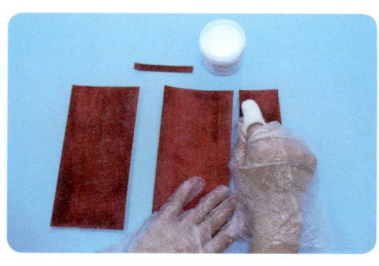 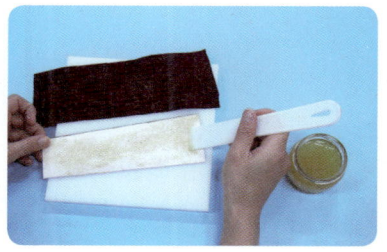

7 가죽 A, B, C, D를 비닐장갑과 면장갑을 끼고 원하는 색으로 앞면을 염색합니다. 여기서는 빨간색 염료를 사용하였습니다.

8 가죽 A, B, C, D의 앞면에 앞면 마감재를 바릅니다.

9 가죽 C에 본드 칠을 하고 속지를 붙입니다.

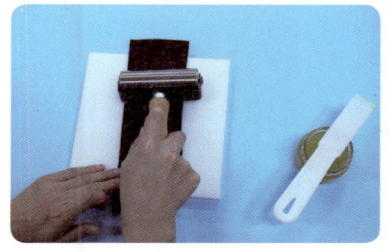 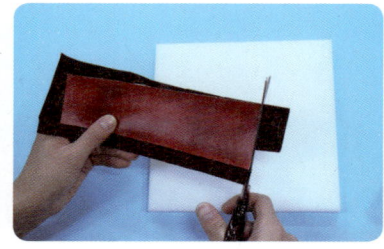 

10 속지를 붙인 가죽 C에 본드가 완벽하게 붙을 수 있도록 본드롤을 밀어 줍니다.

11 속지를 가죽 C에 맞게 재단 가위로 자릅니다.

12 가죽 A, B, C의 테두리를 600 사포로 부드럽게 다듬어 줍니다.

 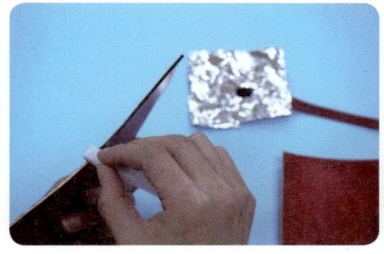 

13 가죽 A, B, C의 테두리에 토코놀을 바른 후 완전히 마를 때까지 기다립니다.

14 기리메를 바른 후 완전히 마르면 후 노리를 바릅니다. 12~14번까지의 과정을 3~4회 반복하여 기리메를 바릅니다.

15 가죽 A, B의 뒷면 약 1cm 부분에 기리메를 바릅니다.

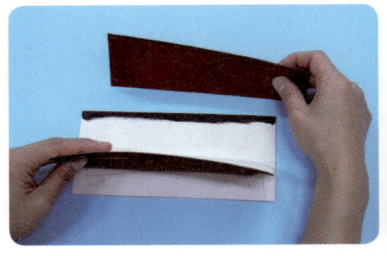

16 가죽 A, B, C의 기리메 칠이 완성된 모습입니다.

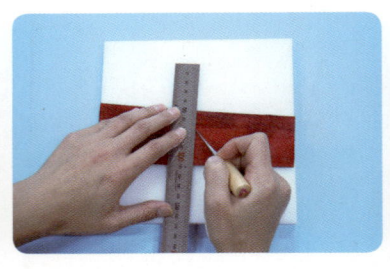

17 가죽 C의 중심을 잡고 송곳으로 바느질 선을 그어 줍니다.

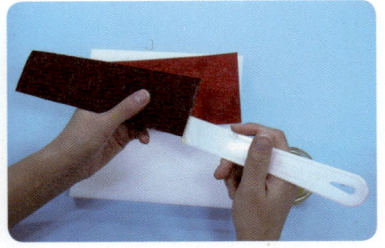

18 가죽 C의 기리메를 칠한 부분을 뺀 나머지 부분에 본드를 0.5cm 정도 칠합니다.

19 가죽 C를 가죽 A에 붙입니다.

20 치즐을 이용하여 우레탄 망치로 두드려 바느질 선을 따라 바느질 구멍을 냅니다.

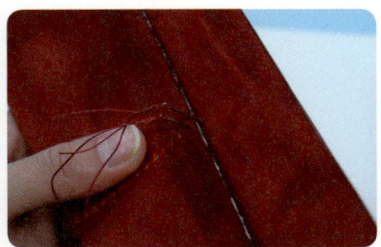

21 바느질을 사진처럼 시작하여 마무리합니다.

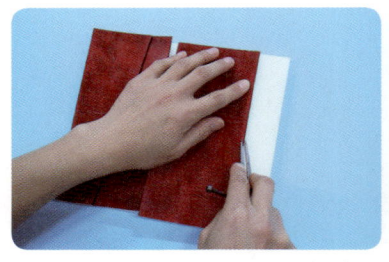

22 가죽 A, B에 디바이더로 바느질 자리를 표시합니다.

23 지퍼에 슬라이더를 끼웁니다.

24 가죽 A, B의 길이에 맞게 방울펀치를 이용하여 지퍼알을 빼줍니다.

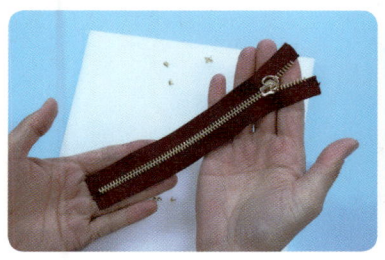
25 지퍼알을 뺀 모습입니다.

26 지저분한 지퍼의 끝부분을 열처리하여 깔끔하게 정리합니다.

27 공구를 이용하여 지퍼에 스토퍼를 고정합니다.

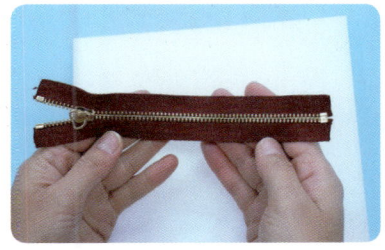
28 지퍼의 양끝 부분에 스토퍼가 고정된 모습입니다.

29 1cm 크게 자른 속지의 한쪽 부분에 본드를 칠하여 접어 붙입니다.

30 가죽 A, B의 기리메를 칠한 부분에 본드를 칠합니다.

31 가죽 A, B에 지퍼를 붙입니다.

32 가죽 A, B에 접은 속지를 지퍼 쪽으로 놓고 본드를 칠하여 붙입니다.

33 가죽에 붙인 속지를 완벽하게 붙이기 위해 본드롤을 밀어 줍니다.

34 재단가위로 속지를 깔끔하게 자릅니다.

35 가죽 A, B에 치즐을 이용하여 우레탄 망치를 두드려 바느질 구멍을 낸 후 바느질을 준비합니다.

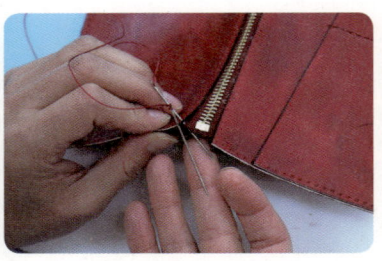

36 지퍼 부분부터 바느질을 시작합니다.

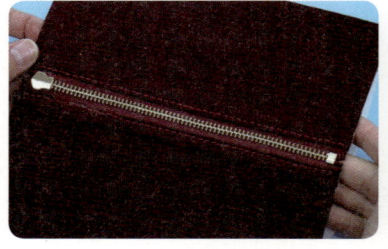

37 지퍼부분 바느질이 끝난 모습입니다.

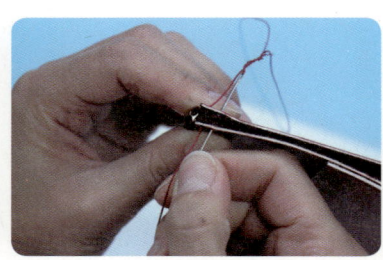

38 가죽 A, B에 본드를 칠한 후 하나로 겹쳐서 바느질을 시작합니다.

39 가죽 A, C 바느질이 끝난 부분까지 마무리한 후 같은 방법으로 나머지 한쪽도 바느질합니다.

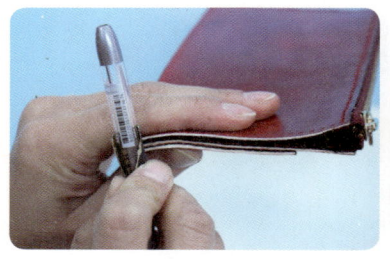

40 600 사포로 밑면을 부드럽게 다듬어 줍니다.

41 밑면에 토코놀을 바른 후 완전히 마를 때까지 기다립니다.

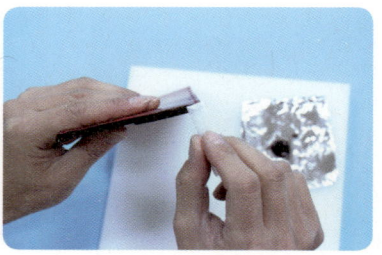

42 기리메를 바르고, 완전히 마르면 후 노리를 바릅니다. 40~42번까지의 과정을 3~4회 반복하여 기리메를 바릅니다.

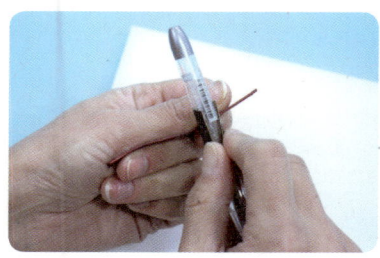

43 가죽 D의 밑면을 600 사포로 부드럽게 다듬어 줍니다.

44 가죽 D의 밑면에 토코놀을 바릅니다.

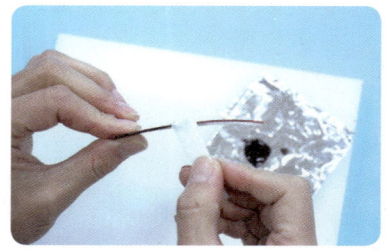

45 기리메를 바르고, 완전히 마르면 후 노리를 바릅니다. 43~45번까지의 과정을 3~4회 반복하여 기리메를 바릅니다.

46 3mm 펀치를 사용하여 가죽 D에 구멍을 4개 뚫어 줍니다.

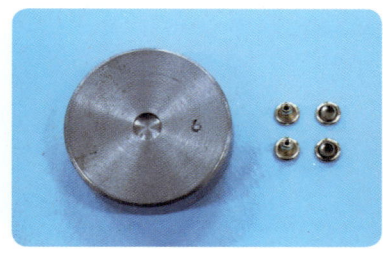

47 가죽 D에 필요한 6mm 공구를 준비합니다. 왼쪽부터 6mm 다이, 6mm 가시메 세트(상-ⓐ, 하-ⓑ)를 준비합니다.

48 가죽 D을 슬라이더에 끼우고 6mm 다이 위에 구멍 뚫은 가죽 D와 상(ⓐ), 하(ⓑ)를 올리고 6mm 우찌를 이용하여 우레탄 망치로 두드려 마무리합니다.

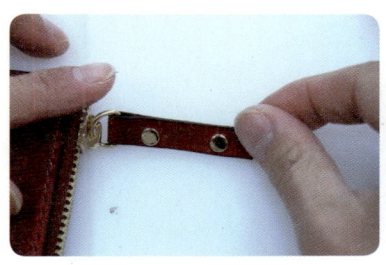

49 가죽 D가 마무리되었습니다.

50 전체 바느질이 끝난 여성 장지갑의 모습입니다..

51 실용성 높은 여성 장지갑이 완성되었습니다.

가죽공예

남성들이라면 하나쯤 가지고 있을
남성용 머니클립 반지갑

남성들이라면 하나쯤 가지고 있을 머니클립 반지갑입니다. 한손에 쏙 들어오는 사이즈이지만 생각보다 많은 지폐와 카드 등이 들어가는 매우 실용적인 지갑이랍니다. 내가 직접 만든 지갑을 사랑하는 사람이 매일 들고 다니는 모습은 상상만 하여도 매우 설레지요. 직접 만들면 시판되고 있는 반지갑과는 전혀 다른 느낌을 연출할 수 있어요.

| 난이도 ★★★★★ |
| 재단 234page 도안 참조 |
| 완성품크기 120×80(mm) |

준비물

통가죽, 재단칼, 은펜, 연밤색 염료, 바늘, 실, 왁스, 라이터, 쪽가위, 보강제, 마른 송곳, 코르셋판, 물솜, 600사포, 기리메, 후노리, 토코놀, 앞면 마감재, 엣지베벨로, 슬리커, 디바이더, 치즐, 우레탄 망치, 머니클립

TIP

얇은 가죽을 보호하기 위해 가죽에 보강제를 덧붙입니다.

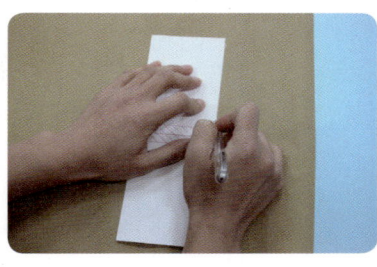

1 원형문지를 올리고 가죽을 고정한 후 준비한 패턴을 올려놓고 재단칼로 가죽 A, B, C, D, E, F, G, H를 정확하게 재단합니다.

2 재단된 가죽 A, B, C, D, E, F, G, H의 모습입니다.

3 엣지베벨로 가죽 A, B, C, D, E, F, G, H의 테두리를 다듬어 줍니다.

4 물솜으로 가죽의 테두리에 물을 묻힙니다.

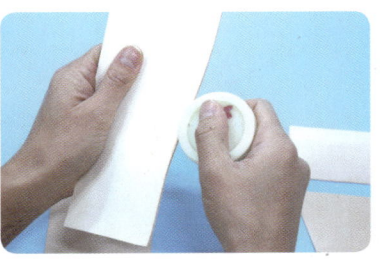

5 슬리커로 가죽의 테두리를 한 번 더 정리합니다.

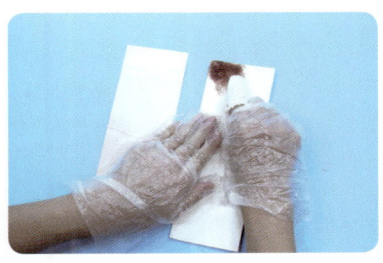

6 가죽 A, B, C, D, E, F, G, H를 비닐장갑과 면장갑을 끼고 원하는 색으로 앞면을 염색합니다. 여기서는 연밤색 염료를 사용하였습니다.

7 가죽 A, B, C, D, E, F, G, H의 뒷면과 옆면에 토코놀을 바르고, 앞면에 앞면 마감재를 바릅니다.

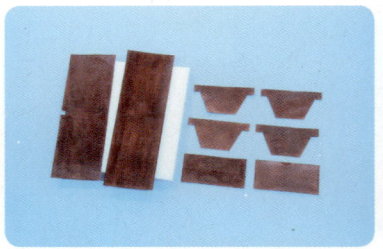

8 염색이 모두 완료된 모습입니다.

9 가죽 A, B에 디바이더로 바느질 자리를 표시합니다.

10 가죽 E, F, G, H의 밑 부분에 디바이더로 바느질 자리를 표시합니다.

11 가죽 E, F, G, H의 양옆 부분도 디바이더로 바느질 자리를 표시합니다.

12 가죽 C, D는 ㄷ자 모양으로 디바이더로 바느질 자리를 표시합니다.

13 치즐과 우레탄 망치로 가죽 A, B, C, D, E, F, G, H의 바느질 선을 따라 바느질 구멍을 냅니다.

14 가죽 E에 바느질 자리만 본드를 칠합니다.

15 가죽 A에 가죽 E를 붙여 코르셋판 위에 올려놓고 마른 송곳으로 바느질 구멍을 한 번 더 뚫어 줍니다.

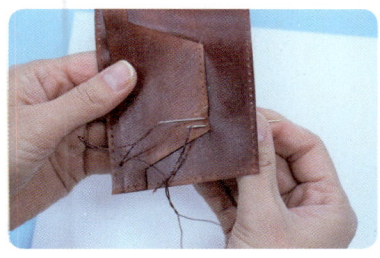

16 바느질 선을 따라 바느질합니다.

17 가죽 F도 본드를 칠하고 바느질합니다.

18 가죽 C의 바느질 자리에 본드를 칠하고 사진처럼 붙입니다.

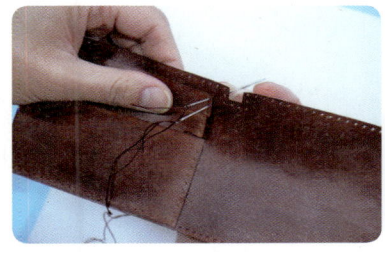

19 가죽 A에 E, F, C를 함께 바느질합니다.

20 다른 한쪽도 바느질하여 마무리합니다.

21 보강제를 가죽 B보다 1cm 작게 잘라 본드를 칠하고 붙입니다.

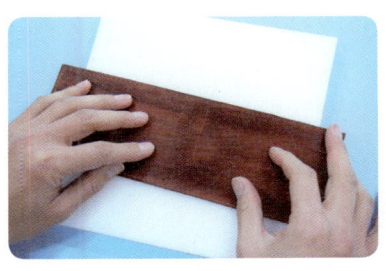

22 가죽 B의 중심을 잡고, 중심선 양옆으로 1cm 간격으로 한쪽씩 선을 그어 줍니다.

23 가죽 B에 치즐로 바느질 구멍 자리를 뚫어 줍니다.

24 가죽 A, B를 겹쳐 집게로 고정한 후, 23번의 바느질 구멍까지 양방향으로 바느질합니다.

25 가죽 A, B의 나머지 부분도 바느질하여 마무리합니다.

26 가죽 A, B에 머니클립을 끼웁니다.

27 가죽 A, B를 집게로 고정한 후, 가죽 B 쪽에 머니클립을 감싼 채 바느질하여 마무리합니다.

28 600 사포로 밑면을 부드럽게 다듬어 줍니다.

29 밑면에 토코놀을 바른 후 완전히 마를 때까지 기다립니다.

30 기리메를 바르고, 완전히 마르면 후 노리를 바릅니다. 29~30번까지의 과정을 3~4회 반복하여 기리메를 바릅니다.

31 여러 장의 카드와 지폐를 넣을 수 있는 남성용 머니클립 반지갑이 완성되었습니다.

가죽공예

칼날을 보다 안전하고 멋스럽게 보관할 수 있는
전각칼 케이스

전각도장에 무늬를 새길 때 필요한 칼날을 정리하는 케이스입니다.
가죽으로 만들었기에 날카로운 칼날을 보다 안전하고 멋스럽게 보관할 수 있지요.
칼날들이 서로 부딪치지 않도록 대부분 분리하였고, 돌돌 말아 다닐 수 있도록 하였어요.
이제 어디든 안전하고 간편하게 전각칼을 챙겨 다닐 수 있어요.

난이도	★★★☆☆
재단	235page 도안 참조
완성품크기	300×190(mm)

준비물

통가죽, 재단칼, 속지, 속지 재단용 가위, 자, 마른 송곳, 본드 롤러, 원형문진, 은펜, 쪽가위, 라이터, 검정색 염료, 바늘, 실, 왁스, 물솜, 600사포, 기리메, 후노리, 엣지베벨로, 슬리커, 디바이더, 치즐, 토코놀, 앞면 마감재, 우레탄 망치, 본드, 본드 주걱, 롤러, 3mm 펀치, 4mm 펀치, 솔트레지, 6mm 다이, 6mm 우찌, 6mm 가시메

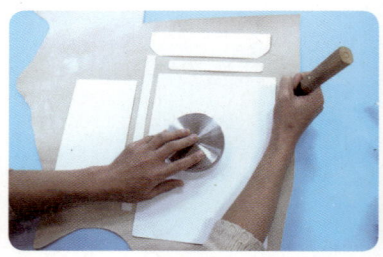

1 통가죽 위에 준비한 패턴을 올려놓고 재단칼로 정확하게 재단합니다.

2 속지 위에 패턴을 올려놓고 원형문진으로 고정한 후, 은펜으로 패턴보다 1cm 크게 그려 재단합니다.

3 엣지베벨로로 가죽 A, B, C, D, E의 테두리를 다듬어 줍니다.

4 물솜으로 테두리에 물을 묻힙니다.

5 슬리커로 가죽의 테두리를 한 번 더 정리합니다.

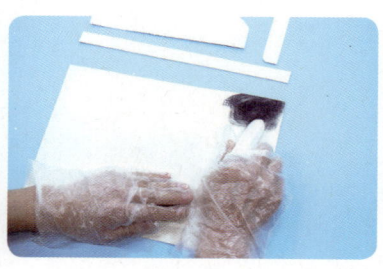

6 비닐장갑과 면장갑을 끼고 재단된 가죽에 좋아하는 색으로 염색합니다. 여기서는 검정색 염료를 사용하였습니다.

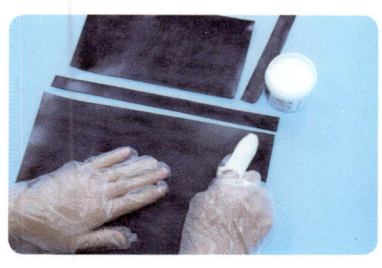

7 가죽 A, B, C, D, E의 옆면에 토코놀을 바르고, 앞면에는 앞면 마감재를 바릅니다.

8 가죽 A, B, C, D, E에 맞는 속지를 준비합니다.

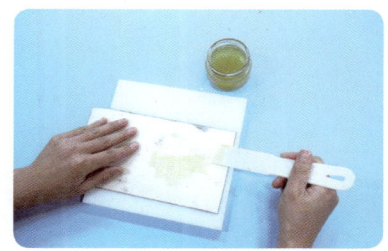

9 가죽 B의 뒷면에 꼼꼼하게 본드를 칠합니다.

10 가죽 B에 준비된 속지를 붙입니다.

11 본드 롤러로 꼼꼼하게 문질러 줍니다.

12 속지를 준비하여 가죽 B에 맞게 가위로 자릅니다.

13 가죽 B를 5칸으로 나누어 송곳으로 선을 정확하게 그어 줍니다.

14 그어 준 선을 따라 치즐로 구멍을 뚫어 줍니다.

15 디바이더를 이용하여 가죽 B에 ㄷ자 모양으로 바느질 자리를 표시합니다.

16 표시한 바느질 자리를 따라 치즐로 구멍을 뚫어 줍니다.

17 가죽 B의 구멍 뚫은 자리에 본드를 칠합니다.

18 가죽 B를 가죽 A의 속지에 붙입니다.

19 가죽 A의 속지와 가죽 B를 함께 잡고 바느질합니다.

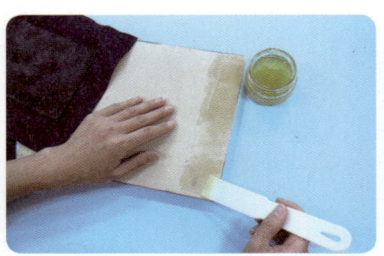

20 가죽 A에 속지를 본드를 칠하여 붙입니다.

21 본드 롤러로 꼼꼼하게 문질러 줍니다.

22 가죽 A에 맞게 속지를 가위로 자릅니다.

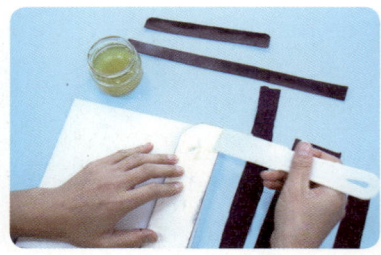

23 가죽 C, D, E에 본드를 칠한 후 속지를 붙이고, 본드 롤러로 밀어 줍니다.

24 가죽 C, D, E에 붙인 속지를 가죽에 맞게 자릅니다.

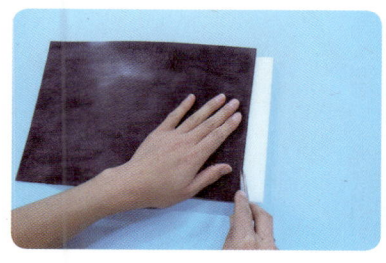
25 디바이더로 가죽 A에 바느질 자리를 표시합니다.

26 가죽 C, D, E에도 바느질 자리를 표시합니다.

27 표시한 바느질 자리에 따라 치즐로 구멍을 뚫어 줍니다.

28 가죽 C, D, E에도 역시 바느질 구멍을 뚫어 줍니다.

29 바느질 구멍에 따라 바느질을 시작할 차례입니다. 가죽 C, D의 라운드 부분에서 바느질을 시작하여 라운드 부분의 끝까지 바느질합니다. 또한, 가죽 E는 전체 바느질을 합니다.

30 가죽 B의 바느질하지 않은 부분 쪽으로 가죽 A, C의 중심을 잡고 본드를 칠하여 붙입니다.

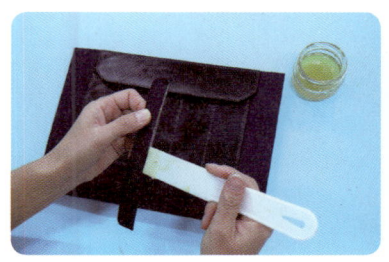
31 가죽 A에 D를 본드 칠하여 붙입니다.

32 가죽 A, C, D를 바느질합니다.

33 가죽 A, B, C, D의 바느질이 마무리된 모습입니다.

34 600 사포로 가죽 A, E의 테두리를 부드럽게 다듬어 줍니다.

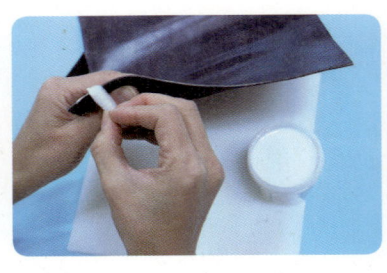
35 가죽 A, E의 테두리에 토코놀을 바른 후, 완전히 마를 때까지 기다립니다.

36 가죽 A, E에 기리메를 바르고, 완전히 마르면 후노리를 바릅니다. 34~36번까지의 과정을 3~4회 반복하여 기리메를 바릅니다.

37 가죽 E에 3mm 펀치로 구멍을 2개 나란히 뚫어 줍니다.

38 가죽 A의 중심을 잡아 가죽 E에 맞게 구멍 자리를 표시합니다.

39 가죽 A, E에 필요한 6mm 도구를 준비합니다. 왼쪽부터 6mm 다이, 6mm 가시메 세트(상—ⓐ, 하—ⓑ)를 준비합니다.

40 구멍 뚫은 가죽 A, E에 6mm 가시메 상(ⓑ), 하(ⓑ)를 연결하고, 6mm 다이 위에 가죽에 연결한 6mm 가시메를 올린 후 6mm 우찌를 우레탄 망치로 두드려 마무리합니다.

41 가죽 E에 은펜으로 구멍 자리를 표시하고, 3mm 펀치로 구멍을 뚫어 줍니다.

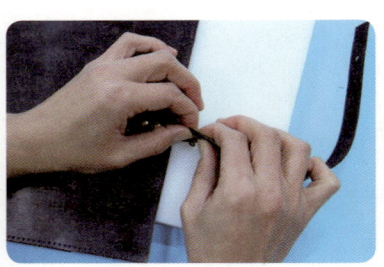
42 가죽 E의 구멍 자리에 솔트레지를 연결합니다.

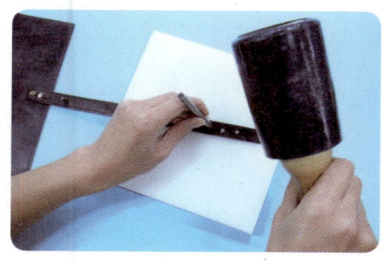  

43 가죽 E에 4mm 펀치로 구멍을 더 뚫어 마무리합니다.

44 전각칼 케이스가 완성되었습니다.

45 휴대하기 편하도록 돌돌 말아 본 전각칼 케이스의 모습입니다.

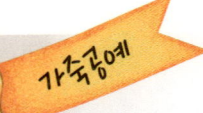

가죽공예

이름을 예쁘게 새긴 도장을 보관할 수 있는

도장 케이스

이름을 예쁘게 새긴 도장을 보관할 수 있는 도장 케이스예요.
버건디 색감과 스프링 단추가 무척 잘 어울리죠. 사이즈가 작아 자투리 가죽으로
만들 수 있는 실용적인 아이템이에요. 선물용으로 아주 그만이랍니다.

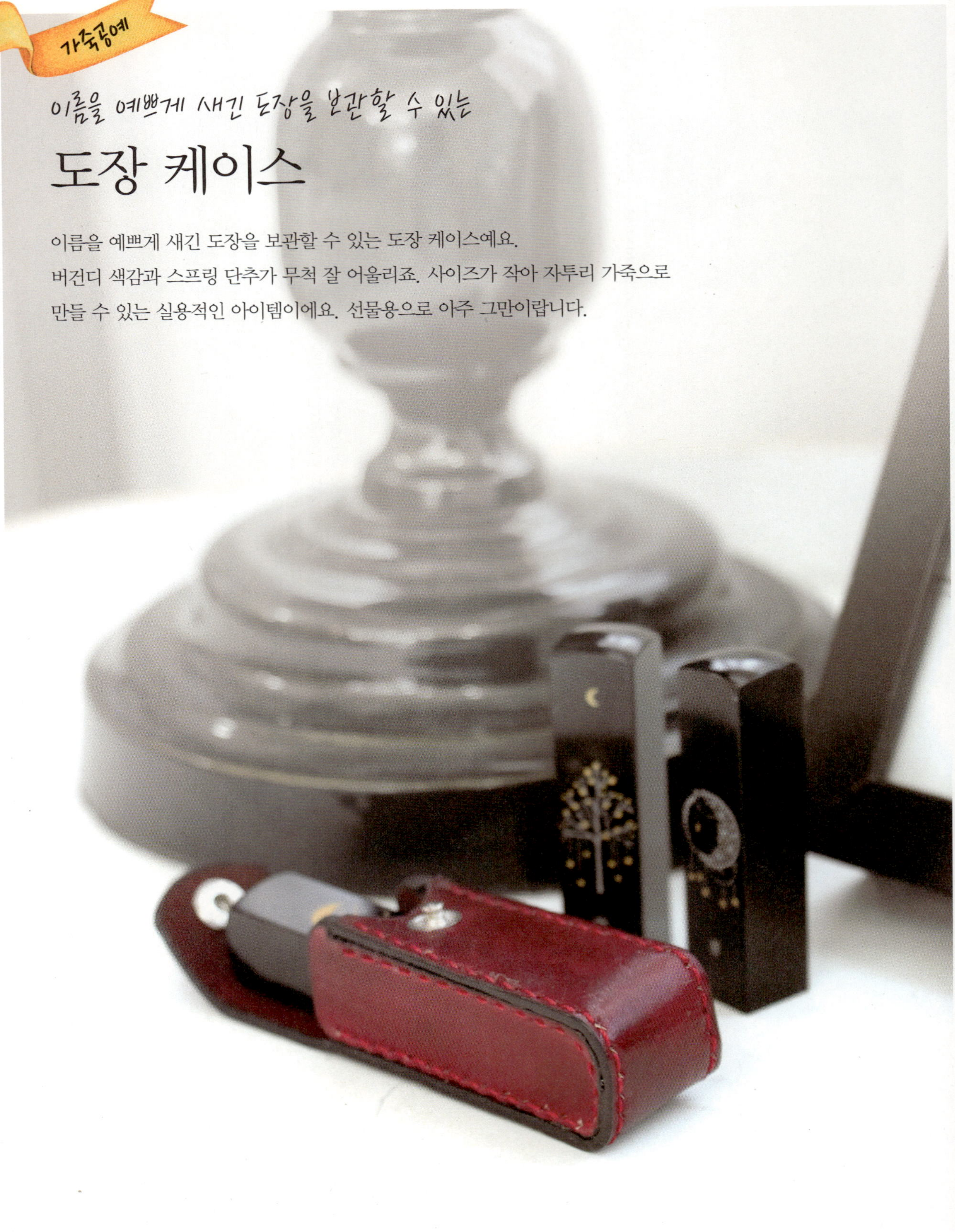

난이도 ★★★★★
재단 235page 도안 참조
완성품크기 20.5×60.5(mm)

준비물

통가죽, 재단칼, 속지 재단용 가위, 은펜, 속지, 버건디 색 염료, 바늘, 실, 쪽가위, 라이터, 왁스, 물솜, 엣지베벨로, 슬리커, 디바이더, 치즐, 토코놀, 600사포, 기리메, 후노리, 앞면 마감재, 우레탄 망치, 본드, 본드 주걱, 3mm 펀치, 10mm 다이, 10mm 호크우찌, 10mm 돗도펀치, 10mm 스프링 단추

TIP

박스 스티치는 마른 송곳으로 일정하게 구멍을 뚫어 주어야 바느질이 예쁘게 완성됩니다.

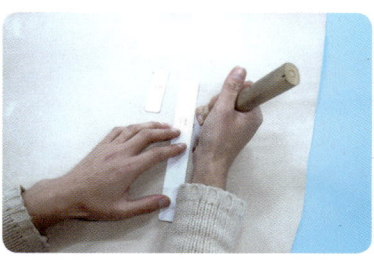

1 통가죽 위에 준비한 패턴을 올려놓고 재단칼로 정확하게 재단합니다.

2 속지 위에 패턴을 올려놓고 은펜으로 패턴보다 1cm 크게 그려 재단합니다.

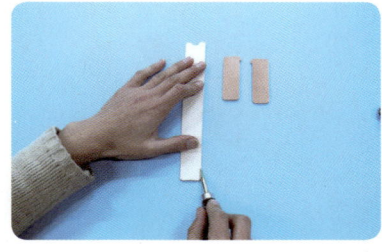

3 엣지베벨로로 가죽 A, B, C의 테두리를 다듬어 줍니다.

4 물솜으로 가죽 테두리에 물을 묻힙니다.

5 슬리커로 테두리를 한 번 더 정리합니다.

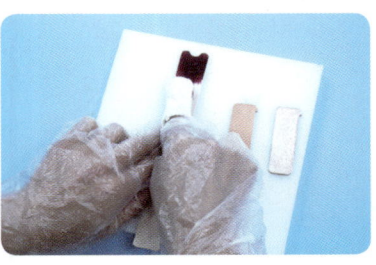

6 가죽 A, B, C를 비닐장갑과 면장갑을 끼고 좋아하는 색으로 염색합니다. 여기서는 버건디 염료를 사용하였습니다.

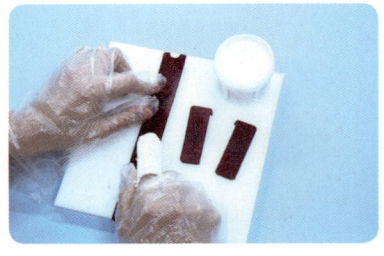

7 가죽 A, B, C의 옆면에 토코놀을 바르고, 앞면에는 앞면 마감재를 바릅니다.

8 가죽 A, B, C의 뒷면에 본드 칠을 꼼꼼하게 하고 속지를 붙입니다.

9 본드 롤러로 꼼꼼하게 문질러 줍니다.

10 가죽 A, B, C에 맞게 속지를 가위로 자릅니다.

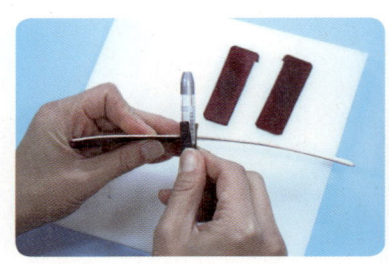

11 600 사포로 가죽 A, B, C의 테두리를 부드럽게 다듬어 줍니다.

12 가죽 A, B, C의 밑면에 토코놀을 바른 후 완전히 마를 때까지 기다립니다.

13 가죽 A, B, C에 기리메를 바르고, 완전히 마르면 후노리를 바릅니다. 11~13번까지의 과정을 3~4회 반복하여 기리메를 바릅니다.

14 디바이더로 가죽 A에 바느질 자리를 표시합니다.

15 가죽 A에 치즐로 바느질 자리 구멍을 뚫어 줍니다.

16 가죽 A에 단추를 달기 위한 구멍을 3mm 펀치를 이용하여 뚫어 줍니다.

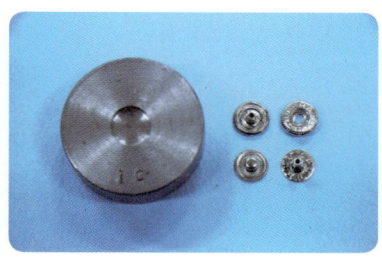

17 가죽 A에 필요한 10mm 공구를 준비합니다. 왼쪽부터 10mm 다이, 10mm 스프링 단추 세트(상-ⓐ, 하-ⓑ)를 준비합니다.

18 10mm 다이 위에 구멍 뚫은 가죽 A와 10mm 스프링 단추 상(ⓐ)을 올리고 10mm 돗도펀치를 이용하여 우레탄 망치로 두드려 마무리합니다.

19 다이를 뒤집어 다이의 평평한 부분 위에 나머지 10mm 스프링 단추 하(ⓑ)를 10mm 호크우찌로 고정한 후 우레탄 망치로 두드려 마무리합니다.

20 가죽 B, C를 디바이더로 바느질 자리를 표시합니다.

21 가죽 B, C에 치즐로 구멍 자리를 정확하게 표시하여 줍니다.

22 가죽 B, C를 코르셋 판에 올려놓고 표시된 구멍 자리에 마른 송곳을 비스듬하게 잡아 표시된 구멍 자리에 구멍을 뚫어 줍니다.

23 가죽 B, C를 사선으로 구멍을 뚫은 모습입니다.

24 가죽 B, C의 테두리에 본드를 칠합니다.

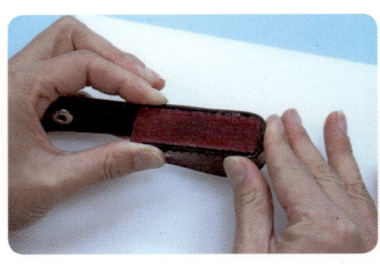 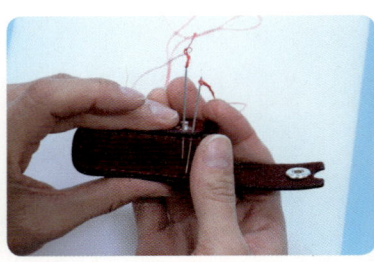 

25 가죽 B, C를 사진처럼 붙입니다.

27 바느질 선을 따라 바느질을 시작합니다.

28 바느질이 완성된 모습입니다.

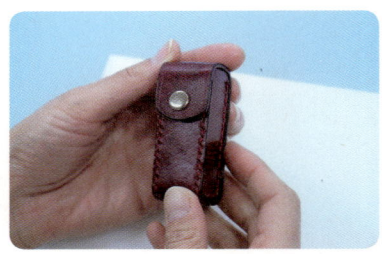

29 깜찍한 도장 케이스가 완성되었습니다.

PART 02
수제도장

전각이란

전각은 돌, 나무, 목, 금속 등의 작은 공간면에 글자를 조형적으로 배열하여 칼을 대어 새기는 것으로 印이라는 한정된 세계에 사람의 정성을 조각하는 동양예술의 극치이자 독자적 장르인 순수예술을 말한다. 서화에 찍는 도장이나 수장자의 도장을 새기는 것을 뜻하며, 주로 전서체로 새기기 때문에 전각이라고도 한다. 이러한 전각은 서법과 밀접한 관련이 있으며, 금석학에 대한 지식을 기본으로 하는데 대부분이 한자 서체 중의 하나인 전서를 주로 새긴다. 이는 전서가 조형성이 가장 풍부하기 때문이며 이러한 의미에서 전서(篆書)를 새긴다(刻)는 뜻으로 전각이라고 하게 된 것이라 할 수 있다. 그러나 전각은 문자의 대상을 한정하지는 않는 즉, 각종 서체는 물론 다양한 문양 및 인간의 폭넓은 감성을 새겨 동서고금을 나타내는 예술이라 할 수 있는 것이다. 전각은 문자와 조각이 결합된 종합예술로 디자인에서는 문자뿐만이 아니라 그림, 도형도 협소한 공간 속에서 다양한 표현을 할 수 있다.

수제도장에 필요한 준비물

01 **인상** : 돌을 고정시켜 새기기 위한 틀. 새길 면을 흔들리지 않도록 고정시켜 사용한다.
02 **인주** : 도장을 찍을 때 사용한다.
03 **사포** : 이름을 새기기 전에 면을 밀어서 사용한다.
04 **칫솔** : 돌가루를 털어 내는 용도로 사용한다.
05 **연필** : 새길 면을 그리는 데 사용한다.
06 **전각도** : 도장을 새기는 데 가장 우선시 되는 도구이고 개인의 취향에 따라 크기는 선택하여 사용한다.
07 **네임펜** : 연필과 같은 용도.
08 **물감** : 측면의 디자인에 채색을 위한 도구이고 아크릴 물감을 사용한다.
09 **돌** : 현재 필방에서 판매하고 있는 5푼 사이즈의 돌을 가장 많이 사용한다.

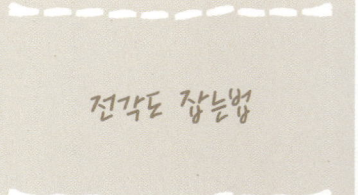

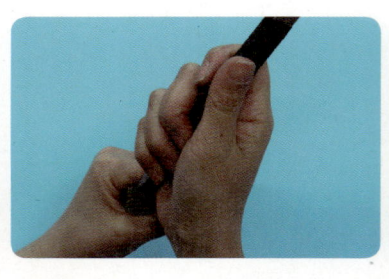

1 악관법 : 칼을 네 손가락으로 쥐고 엄지손가락으로 칼의 위쪽을 누르며 잡는 법입니다. 선이 굵고 큰 도장을 새길 때 주로 사용합니다.

2 쌍구법 : 두 손가락으로 잡는 법을 말합니다. 선이 가늘고 까다로운 작업을 할 때 사용합니다.

3 측관법 : 전각도의 날을 45도 유지하여 칼을 잡는 법을 말합니다. 인장의 바닥 면뿐 아니라 측면까지 글자나 그림을 새기는 데 주로 사용합니다.

1 측관법으로 칼을 잡고 선을 그을 준비를 합니다.

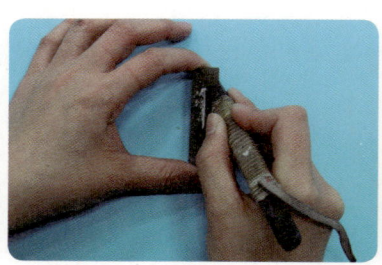

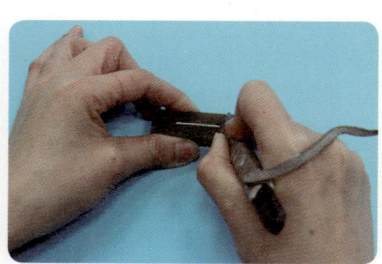

2 팔이 흔들리지 않게 유지하여 위쪽으로 길게 밀어 줍니다.

3 돌을 돌려 2번의 동작을 반복하며 선긋기를 합니다.

4 작업한 음각선의 돌을 가로 방향으로 놓은 후, 오른쪽으로 짧게 선을 그어 마무리합니다.

양각 선긋기

5 마무리가 되지 않은 왼쪽도 같은 방법으로 마무리합니다.

1 네임펜으로 돌 위에 선을 마킹합니다.

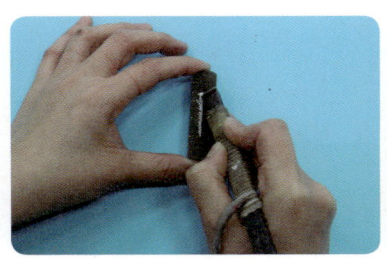

2 마킹한 선의 왼쪽을 시작점으로 합니다.

3 선의 왼쪽부터 칼을 길게 밀어 올립니다.

4 돌을 돌려서 마킹한 왼쪽을 3번과 같은 방법으로 밀어 올립니다.

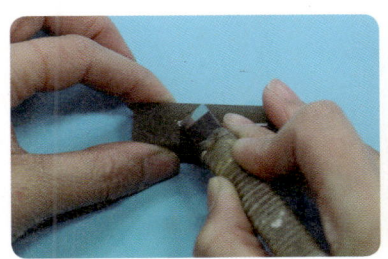

5 돌을 가로 방향으로 놓은 후, 왼쪽 선을 마무리합니다.

6 돌을 돌려 같은 방법으로 오른쪽 선을 마무리합니다.

7 마킹된 선을 남겨서 양각선을 완성합니다.

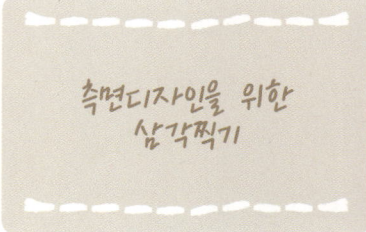

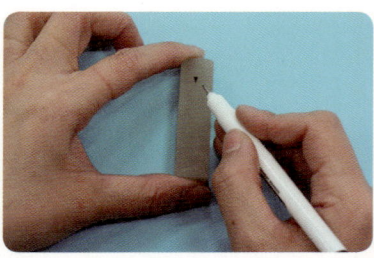

1 네임펜으로 역삼각형을 그립니다.

2 칼의 각도를 45도 유지하여 삼각형 문양이 나오도록 새김을 합니다.

3 삼각찍기 완성

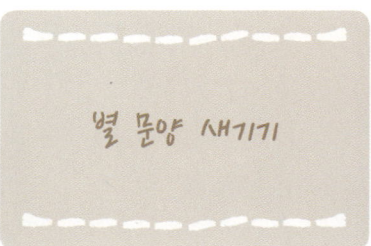

1 네임펜으로 별모양을 그립니다.

2 삼각찍기를 응용하여 마킹한 아래 부분의 모양부터 별 문양의 중심을 향해 새겨 나갑니다.

3 2번의 방법을 응용하여 돌을 돌려가며 새겨 줍니다.

4 별 문양 새김 완성

핸드메이드 선물공예

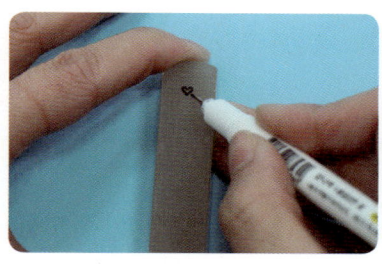

1 네임펜으로 하트 문양을 그립니다.

2 삼각찍기를 응용하여 하트 왼쪽부터 새깁니다.

3 오른쪽을 새깁니다.

4 작업한 하트의 부족한 부분은 삼각찍기로 원을 그리듯 손목의 스냅을 이용하여 칼을 돌려가며 새겨 줍니다.

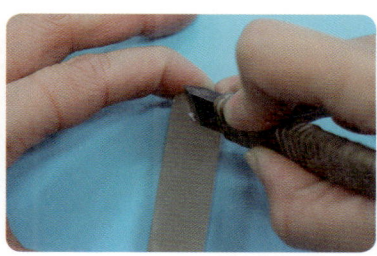

5 좌우의 문양을 비교해 가며 원하는 크기의 하트 문양을 만듭니다.

6 하트 문양 새김 완성

1 네임펜으로 꽃모양을 그립니다.

2 삼각찍기를 응용하여 꽃문양의 중심에서 바깥 방향으로 새겨 나갑니다.

3 꽃잎의 바깥쪽은 칼을 돌려서 원을 그리듯 칼을 조금 더 눕혀서 새깁니다.

4 꽃문양 새김 완성

양각 인면 새김

준비물 : 사포(2000c), 유리판, 새길 돌, 거울, 연필, 12각 노트, 지우개, 인상, 칫솔

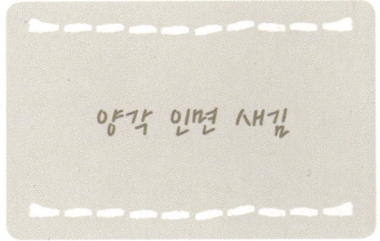

1 유리판 위에 사포를 올려놓습니다.

2 새길 돌을 움켜쥐고 힘을 주어 오른쪽 옆으로 밀어 줍니다.

3 한쪽 면이 밀렸으면 돌을 돌려 위와 같은 방법으로 두 번째 면도 밀어 줍니다.

4 세 번째 면도 동일한 방법으로 밀어 줍니다.

5 마지막 면을 밀어 줍니다. (총 4회)

6 새길 돌을 인상에 고정시킵니다.

7 12각 노트에 새길 이름을 디자인합니다.

8 디자인한 이름을 거울을 이용하여 반전시킵니다.

9 거울에 비친 이름을 돌에 그립니다.

10 이름을 제외한 나머지 부분을 양각 선긋기 방법으로 새겨 줍니다.

11 공간이 넓은 부분부터 새김을 시작합니다.

12 넓은 면적은 악관법을 이용하여 새김을 합니다.

13 세밀한 부분은 쌍구법을 이용하여 새김을 합니다.

14 새김을 완료한 후에는 칫솔을 이용하여 돌가루를 제거합니다.

15 양각 선긋기를 이용한 인면의 완성

16 인주를 찍어서 결과물을 확인합니다.

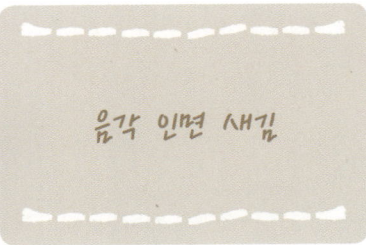

음각 인면 새김

1 새길 이름을 디자인합니다.

2 디자인한 이름을 양각 새김과 마찬가지로 반전시킵니다. 거울이나 휴대폰에 내장된 반전기능을 활용하여도 좋습니다.

3 새길 이름을 돌에 그립니다.

4 긴 선을 가진 이름부터 음각 선긋기로 새김을 합니다.

5 선의 면적이 좁은 곳은 전각도를 새워서 새김을 합니다.

6 음각 선긋기를 이용한 이름 새김이 완성되었습니다.

  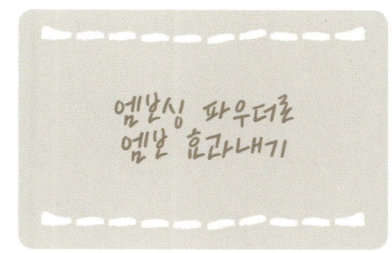

7 엠보싱파우더를 입힙니다. (과하게 묻어나온 가루는 털어 줍니다.)

8 힛툴의 열을 이용하여 엠보싱 파우더 가루를 녹입니다.

준비물: 힛툴, 엠보싱 파우더, 스템프, 네임택

1 스템프를 이용하여 도장을 찍습니다.

2 엠보싱 파우더를 입힙니다. (과하게 묻어나온 가루는 털어 줍니다.)

3 힛툴의 열을 이용하여 엠보싱 파우더 가루를 녹입니다.

달과 별

삼각찍기를 응용한 별 문양을 메인 디자인으로 하고,
달 문양을 더해 반짝 반짝 빛나는 밤하늘을 표현한 작품입니다.

난이도 ★★★☆☆

준비물
전각도, 돌, 신문지, 채색용 물감(골드, 실버), 연필, 물티슈

TIP
물감이 겹쳐서 채색되지 않도록 별 문양과 달 문양의 구역을 나누어 채색하는 것이 좋습니다.

1 연필을 이용하여 새길 디자인을 그려 넣습니다.

2 그려 넣은 별 문양을 상단 부분부터 차례대로 새깁니다.

3 달 문양을 피해 별 문양을 새깁니다.

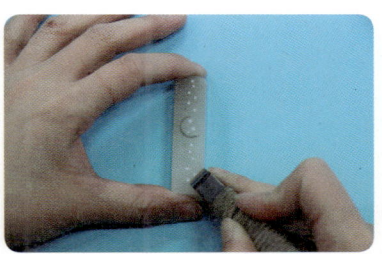

4 하단 부분까지 별 문양을 새깁니다.

5 별 문양을 모두 새겼다면 전각도를 살짝 돌려 달 문양의 하단을 먼저 새깁니다.

6 돌을 돌려 미완성된 달 문양을 원을 그리듯 마무리합니다.

7 달 문양의 부족한 부분은 칼로 한 번 더 보완하여 새겨 줍니다.

8 작은 동그라미를 새기기 위해 별 문양과 달 문양의 빈 공간에 전각도를 고정합니다.

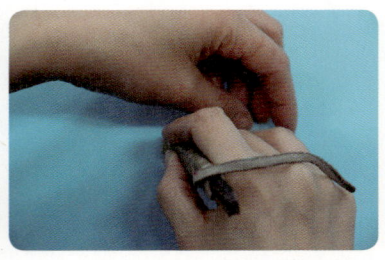

9 전각도를 움직이지 않은 채 돌을 시계 방향으로 돌려가며 작은 동그라미를 새깁니다.

10 빈 공간의 상단부터 작은 동그라미를 새깁니다.

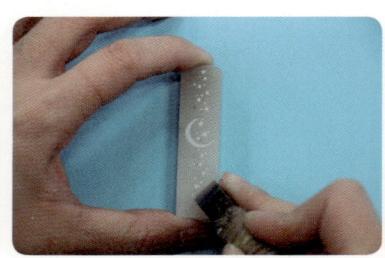

11 통일성을 주기 위해 하단 부분까지 같은 동작을 반복하여 작은 동그라미를 새깁니다.

12 달과 별의 측면 디자인이 모두 완성되었으면, 칫솔을 이용하여 돌가루를 깨끗하게 털어 줍니다.

13 신문지와 골드, 실버 물감을 준비합니다.

14 상단부터 별 문양 부분에만 실버 물감을 올립니다.

15 올려진 물감을 달 문양에 닿지 않도록 양을 조절하여 고루 펴줍니다.

16 물감이 올려진 부분이 신문지와 닿도록 놓습니다.

17 달 문양에 채색되지 않도록 주의하며 돌을 지그시 누르며 몸을 향하여 당겨 줍니다.

18 상단의 별 문양에만 실버 물감이 채색되었습니다.

19 달 문양의 중앙에 새겨진 별 문양에 소량의 실버 물감을 올려놓습니다.

20 물감이 올려진 면을 신문지에 닿도록 하여 오른쪽 방향으로 지그시 문질러 주되, 달 문양에 실버 물감이 번지지 않도록 주의합니다.

21 달 문양을 제외한 별 문양에만 채색이 되었습니다.

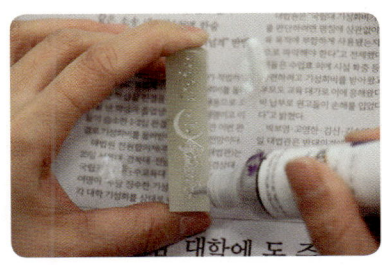

22 하단의 나머지 별 문양에도 물감을 올립니다.

23 중앙에 있는 달 문양에 채색되지 않도록 방향을 잡고 지그시 문질러 줍니다.

24 달 문양을 제외한 별 문양과 동그라미에만 채색을 합니다.

25 달 문양을 반으로 나누어 골드 물감을 올려놓습니다.

26 별 문양에 골드 물감이 번지지 않도록 주의하며 문질러 줍니다.

27 채색하지 않은 달 문양의 나머지 부분에 물감을 올립니다.

18 물감을 올린 면을 신문지로 향하게 하고, 별 문양에 겹치지 않도록 주의하며 문질러 줍니다.

29 채색이 완료되면, 물감을 완전히 건조시킨 후, 돌에 남아 있는 물감을 물티슈를 이용하여 깨끗하게 닦아 냅니다.

30 '달과 별'이 완성되었습니다.

시크한 코끼리

음각 선긋기로 짧은 선만을 연결하여 코끼리를 표현한 작품입니다.
웅장한 코끼리의 느낌을 보다 시크하고 심플하게 표현하였습니다.

난이도 ★★★★★

준비물

전각도, 돌, 신문지, 채색용 물감(화이트), 연필, 물티슈, 이쑤시개

TIP

테두리의 선을 넘어 칼자국이 생기지 않도록 주의합니다.

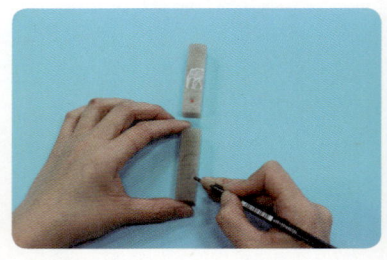

1 연필을 이용하여 새길 디자인을 그려 넣습니다.

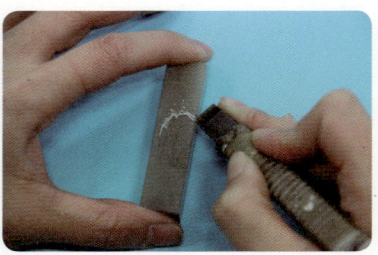

2 디자인한 코끼리의 테두리를 음각 선 긋기로 새깁니다.

3 코끼리의 다리를 새깁니다.

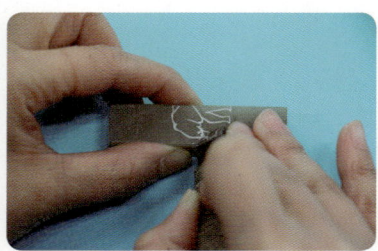

4 정교한 부분은 칼을 세워서 새기도록 합니다.

5 테두리를 새긴 후, 공간이 좁은 코를 시작점으로 테두리의 선보다 칼을 더 세우고, 가늘게 삼각형을 만들 듯 이어서 새깁니다.

6 좁은 공간의 코 부분을 새긴 후 면이 넓어지면 선 또한 넓게 이어가며 새깁니다.

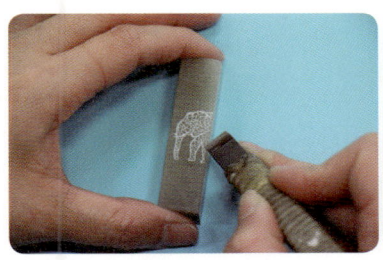

7 다리 부분도 코 부분과 동일하게 작은 삼각형이 이어지도록 새깁니다.

8 새김이 완성되었다면 화이트 물감을 이쑤시개에 소량을 덜어 준비합니다.

9 새긴 면 위에 화이트 물감을 골고루 올립니다.

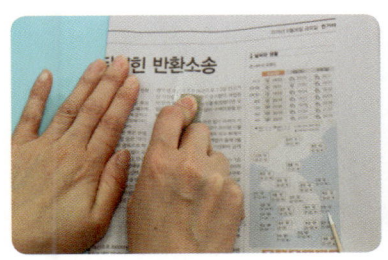

10 물감이 올려진 부분이 신문지와 닿도록 놓습니다.

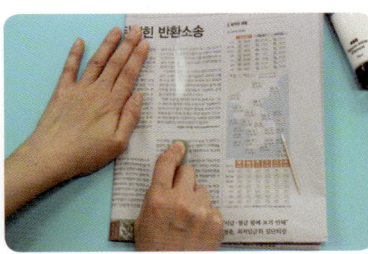

11 돌을 지그시 눌러 몸을 향해 당겨 줍니다.

12 선명한 채색을 위해 좌우 방향으로 한 번 더 채색합니다.

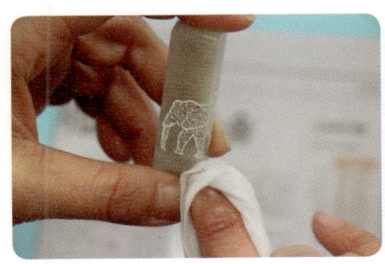

13 물감을 완전히 건조시킨 후, 돌에 남아 있는 물감을 물티슈를 이용하여 깨끗하게 닦아 냅니다.

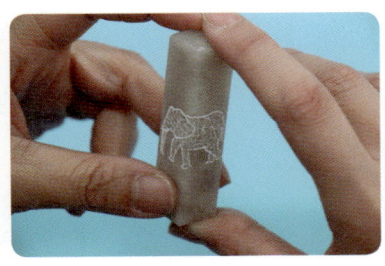

14 '시크한 코끼리'가 완성되었습니다.

수제도장

마음을 전하다

캘리그래피를 응용하여 개성 있게 표현한 작품입니다.
여러분들의 마음을 담은 글귀를 새겨 사랑하는 이들에게 선물해 보세요.

난이도 ★★★★☆

준비물

전각도, 돌, 신문지, 채색용 물감(화이트, 핑크), 연필, 물티슈, 이쑤시개

TIP

세로 방향 새김은 비교적 쉬우나 가로 방향의 새김은 의도하지 않는 선이 나올 수 있으니 충분한 연습 후에 새겨 보도록 합니다. 바로 새김이 어려울 수 있으니 연필을 이용하여 미리 글자를 써 놓고 새기면 더욱 좋습니다.

1 새길 글귀의 글자 수를 생각하며 디자인을 구상합니다.

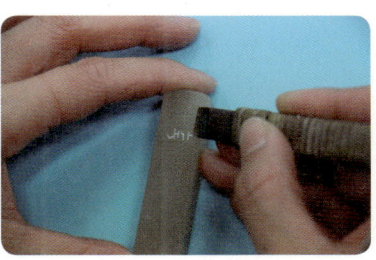

2 음각 선긋기를 이용하여 새김을 시작합니다.

3 여기서는 '내가 널 세상에서 가장 사랑해'라는 문구를 새겨 보았습니다.

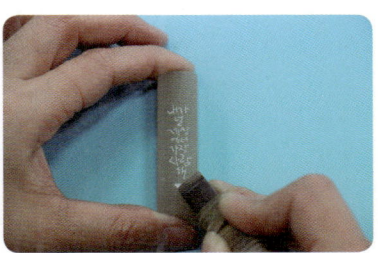

4 글자 새김이 완성되면, 하단에 포인트로 하트 새김을 합니다.

5 화이트 물감을 새긴 부분 위에 골고루 올려 줍니다.

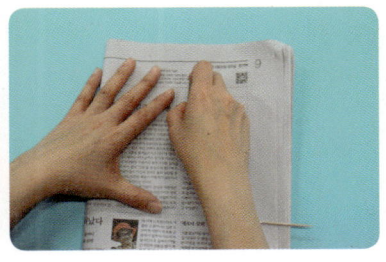

6 물감이 올려진 부분이 신문지와 닿도록 놓습니다.

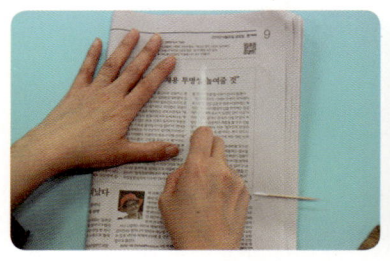  

7 돌을 지그시 눌러 몸으로 향하도록 당겨 줍니다.

8 선명하게 채색되도록 좌우 방향으로 한 번 더 채색합니다.

9 핑크 물감을 하트 새긴 면에 올립니다.

 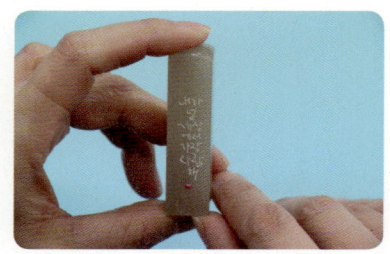

10 핑크 물감이 글자에 번지지 않도록 주의하면서, 돌을 지그시 눌러 몸으로 향하도록 당기며 채색을 마무리합니다.

11 '마음을 전하다'가 완성되었습니다.

작은 꽃밭

삼각찍기와 하트 문양을 접목하여 꽃문양을 표현한 작품입니다.
꽃잎의 크기에 변화를 주고 꽃들을 하나로 모으듯 새기면 작은 꽃밭이 만들어집니다.

난이도 ★★★★★

준비물

전각도, 돌(붉은 돌), 신문지, 채색용 물감(화이트), 이쑤시개

TIP

꽃의 생동감을 주기 위해 꽃잎의 바깥 선은 둥글리는 것이 좋습니다.

1 새길 돌의 중심에서 바깥 방향으로 삼각찍기를 합니다.

2 꽃잎의 테두리 부분은 칼을 돌려 원을 그리듯 하되, 칼을 좀 더 눕혀서 새김을 합니다.

3 중심에 새긴 꽃의 크기보다 조금 더 작게 왼쪽과 오른쪽 하단에 새깁니다.

4 새김이 완성되면, 화이트 물감을 이쑤시개에 소량을 덜어, 새긴 면 위에 골고루 올려 줍니다.

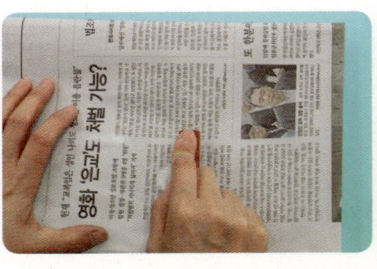

5 물감이 올려진 부분이 신문지와 닿도록 놓은 후, 돌을 지그시 누르며 몸을 향해 당겨 줍니다.

6 '작은 꽃밭'이 완성되었습니다.

수제도장

꿈을 담은 사자자리

밤하늘의 다양한 별자리 중 사자자리를 표현한 작품입니다.
사랑하는 사람의 태어난 별자리를 정성스럽게 새겨 선물한다면
더욱 값진 선물이 되겠죠.

난이도 ★★★★☆

준비물

전각도, 돌(몽고석), 신문지, 채색용 물감(골드, 실버)

TIP

물감의 색이 겹쳐지지 않도록 주의합니다.

1 새길 디자인의 구도를 생각하며 중앙 부분부터 작업을 시작합니다.

2 칼은 고정하고 도장을 돌리며 작은 원을 새겨 사자자리를 표현합니다.

3 모서리와 가까이에 있는 원을 새길 때는 중심이 기울기 때문에 전각도에 힘을 빼야 합니다.

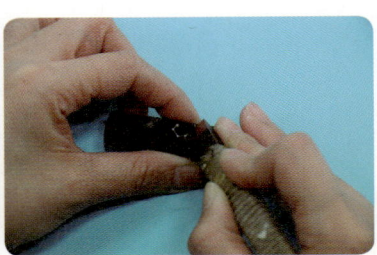

4 작은 원으로 표현된 사자자리를 음각 선긋기로 하나씩 연결하여 새겨 줍니다.

5 모서리 부분의 선을 이어 줄 때도 반드시 전각도에 힘을 빼고 새깁니다.

6 사자자리가 완성되었다면, 달 문양을 원하는 곳에 새깁니다.

7 달 문양 주변으로 별 문양을 어울리도록 새겨 측면의 디자인을 완성합니다.

8 골드 물감을 달과 별 문양 위에 올립니다.

9 물감이 올려진 부분의 면이 신문지와 닿게 놓은 후, 지그시 눌러 문질러 줍니다.

10 중심에 있는 사자자리도 원하는 색으로 채색하여 마무리합니다. '꿈을 담은 사자자리'가 완성되었습니다.

수제도장

키 작은 나무

원과 선긋기만을 이용하여 기본적인 나무를 표현한 작품입니다.
연미색과 블랙을 매치하여, 심플하지만 트렌디한 나무를 표현하였습니다.

난이도 ★★★★☆

준비물

전각도, 돌, 신문지, 채색용 물감(블랙, 연미색), 연필, 물티슈, 이쑤시개

TIP

나무의 잎과 기둥을 나누어 새김 및 채색을 하고, 이쑤시개를 이용하여 세밀하게 작업을 하여야 물감의 번짐을 최소화할 수 있습니다.

1 연필을 이용하여 새길 디자인을 그린 후, 중심부터 음각 선긋기로 나무의 잎을 새깁니다.

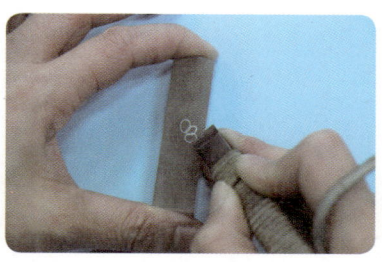

2 중심에서 오른쪽 방향으로 나무의 잎을 동일하게 새겨 나갑니다.

3 중심을 기준으로 왼쪽과 오른쪽의 나뭇잎을 서로 균형을 맞추어 가며 새깁니다.

4 새긴 나뭇잎 안에 크기만 줄여서 같은 방법으로 작은 잎을 새깁니다.

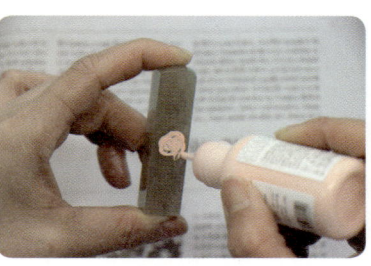

5 새긴 나뭇잎 위에 연미색 물감을 올립니다.

6 물감이 올려진 면이 신문에 닿도록 놓고, 돌을 지그시 누르며 몸을 향해 당겨 줍니다.

7 선명한 채색을 원할 경우 사방으로 골고루 채색을 합니다.

8 나무의 잎 부분만 채색이 완성된 모습입니다.

9 나무의 잎 부분이 완성되면, 아랫부분의 나무 기둥을 음각 선긋기로 새깁니다.

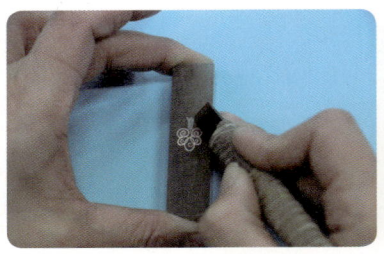

10 돌을 돌려 기둥 새김을 마무리합니다.

11 이쑤시개에 검은색 물감을 소량 덜어 나무 기둥면 위에 올립니다.

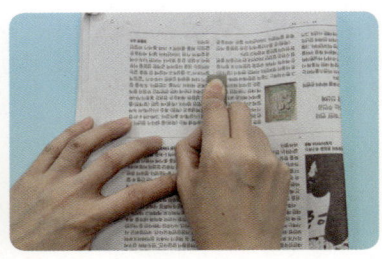

12 올려진 물감 면이 신문에 닿도록 놓습니다.

13 나무 기둥의 검은색 물감이 나뭇잎으로 번지지 않도록 주의하며 지그시 눌러 채색합니다.

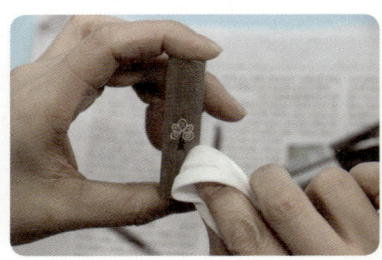

14 물감을 완전히 건조시킨 후, 돌에 남아 있는 물감을 물티슈로 깨끗하게 닦아 냅니다.

15 '키 작은 나무'가 완성되었습니다.

봄을 그리다

음각 선긋기와 곡선을 이용하여 봄꽃을 새기고, 봄과 가장 잘 어울리는 노란색 물감으로 채색하여 봄의 따뜻함과 여성스러움을 표현한 작품입니다.

난이도 ★★★★★

준비물

전각도, 돌, 신문지, 채색용 물감(아크릴 노란색), 연필, 물티슈

TIP

음각 선긋기의 곡선 연습을 충분히 하여야 꽃의 표현을 부드럽고 일률적으로 새길 수 있습니다.

1 연필을 이용하여 새길 디자인을 그린 후, 상단부분부터 음각 선긋기로 꽃을 새깁니다.

2 전체적인 디자인이 중심에서 벗어나지 않도록 돌의 크기를 가늠하며 신중히 새기도록 합니다.

3 생동감 있는 표현을 위해 꽃의 크기에 변화를 주어 새깁니다.

4 전각도를 기울이지 않고 돌의 방향을 조금씩 돌려 가며 새기도록 합니다.

5 봄꽃 새김이 완성되었습니다.

6 새긴 봄꽃 위에 노란색 물감을 올립니다.

  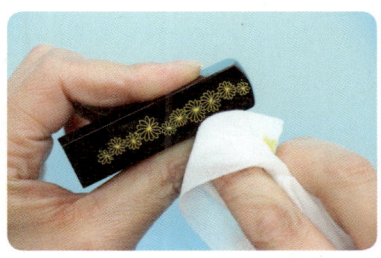

7 물감이 올려진 부분이 신문지와 닿도록 놓은 후, 몸을 향해 지그시 누르며 당겨 줍니다.

8 선명한 색감을 내기 위해 채색 작업을 한 번 더 합니다.

9 물감을 완전히 건조시킨 후, 돌에 남아 있는 잔여 물감들을 물티슈로 깨끗하게 닦아 냅니다.

10 '봄을 그리다'가 완성되었습니다.

PART 02 수제도장 | 봄을 그리다

수제도장

눈꽃 나무

선긋기를 짧게 하여 나뭇가지 위에 눈꽃이 소복이 내린 나무를 표현한 작품입니다.
민트 색과 핑크골드의 색감이 너무 잘 어울리는 한 그루의 눈꽃나무가 탄생하였습니다.

난이도 ★★★★★

준비물

전각도, 돌, 신문지, 채색용 물감(핑크골드, 민트), 물티슈, 이쑤시개

TIP

번짐이 없이 채색하려면 나무와 가지를 먼저 새기고 채색까지 완료한 후, 눈꽃을 표현하는 것이 좋습니다.

1 돌의 중심 부분에 나무와 가지를 먼저 새깁니다.

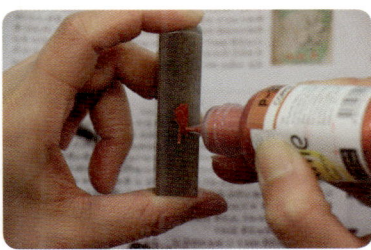

2 새긴 면 위에 핑크골드 물감을 올립니다.

3 물감이 올려진 부분이 신문지와 닿도록 놓은 후 문질러 줍니다.

4 나무와 가지의 채색이 완성된 모습입니다.

5 나무와 가지에 근접하여 눈꽃 모양의 잎을 가늘게 선긋기를 하여 새깁니다.

6 가지를 중심으로 여러 개의 눈꽃 잎을 새깁니다.

7 원하는 디자인의 눈꽃 잎이 완성이 되도록 반복하여 새깁니다.

8 여백을 최소화하며 눈꽃 잎이 서로 겹치지 않도록 하여 새기는 것이 중요합니다.

9 민트색 물감으로 눈꽃 잎을 채색합니다.

10 '눈꽃 나무'가 완성되었습니다.

사랑의 열쇠

음각 선긋기와 곡선 그리고 영문 캘리그래피를 접목하였고, 작고 섬세한 선을 이용하여 레이스 느낌이 나도록 하여 고급스러운 열쇠 문양을 표현한 작품입니다.

난이도 ★★★★★

준비물

전각도, 돌, 신문지, 채색용 물감(골드), 연필, 물티슈.

TIP

레이스 부분은 전각도의 날과 아주 가까이 잡고 강한 힘을 주어 새기도록 합니다.

1 연필을 이용하여 새길 디자인을 그린 후, 음각 선긋기로 하트 선의 절반만 새깁니다.

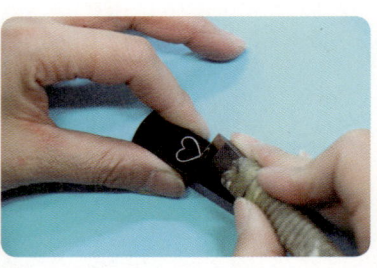

2 같은 방법으로 나머지 하트 선을 새깁니다.

3 음각 선긋기로 열쇠의 중심선을 새깁니다.

4 전각도를 날과 최대한 가까이 잡고, 칼끝에 힘을 가해 레이스 느낌이 나도록 새깁니다.

5 레이스 문양의 크기와 길이를 최대한 동일하게 새깁니다.

6 하트 선의 바깥과 안쪽의 레이스 문양은 최대한 날을 가까이 잡고 칼끝에 힘을 가해 새기도록 합니다.

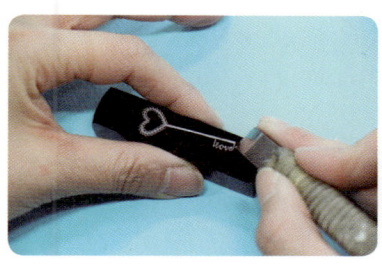

7 열쇠 중심선의 하단에 'LOVE'의 영문 캘리그래피를 새깁니다.

8 하트 선의 가운데 부분에 삼각찍기를 응용한 하트 문양을 새겨 사랑의 열쇠 측면 새김을 완성합니다.

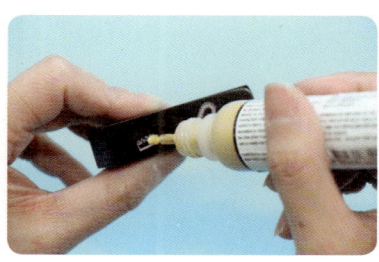

9 골드 물감을 새긴 면 위에 올립니다.

10 물감이 올려진 부분이 신문지와 닿도록 놓은 후, 몸을 향해 당겨서 문질러 줍니다.

11 같은 방법으로 물감을 올린 후, 좌우로 채색하여 선명한 색감이 나도록 합니다.

12 '사랑의 열쇠'가 완성되었습니다.

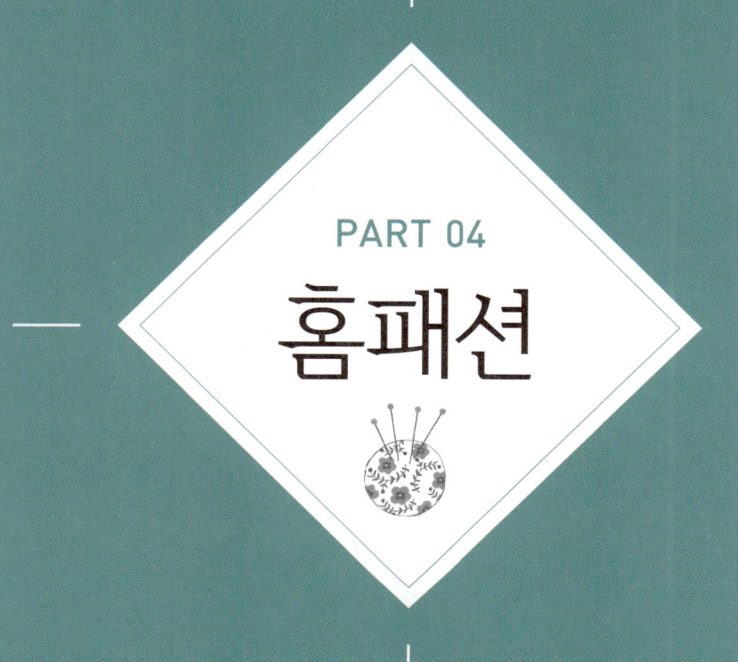

PART 04
홈패션

홈패션

우리 생활 속에 늘 함께하는 생활용품을 내 스타일대로 디자인하고 재단하여 작품이 완성되었을 때 그 기쁨과 성취감은 그 누구도 느낄 수 없는 나만의 행복입니다. 또한 짧은 시간에 지루하지 않게 한 작품을 만들 수 있는 장점이 있어 소품부터 큰 작품까지 재봉만 어느 정도 익히면 쉽게 접할 수 있습니다. 이 책에 담긴 면 생리대와 파우치 그리고 아기 엄마를 위한 수납이 완벽한 백팩과 에코가방, 예쁜 원피스 앞치마 등은 어느 하나 놓칠 수 없는 작품들입니다. 다소 어려운 작품도 있지만, 어디에도 없는 나만의 것을 만들어 보세요.

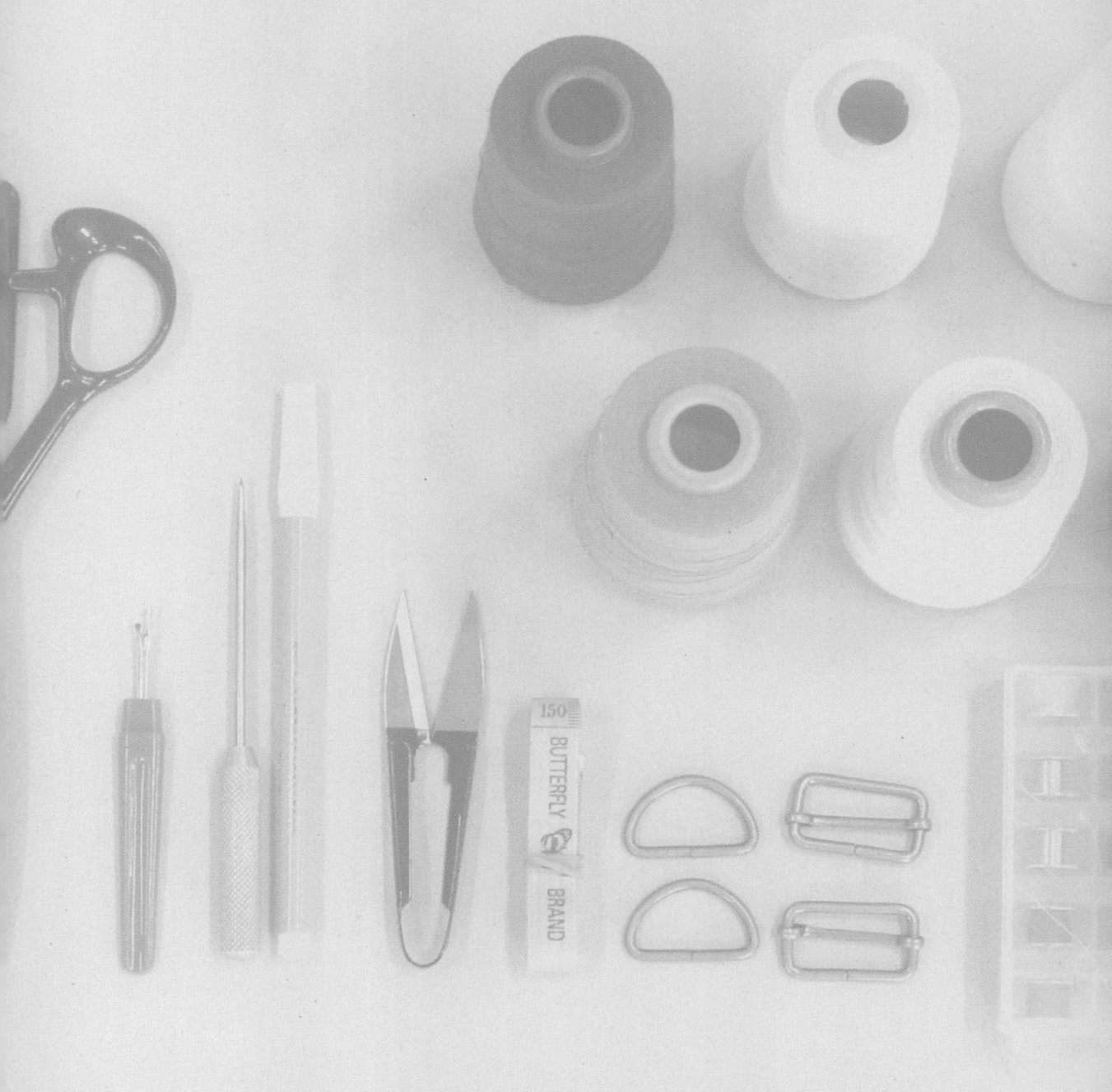

홈패션에 필요한 준비물

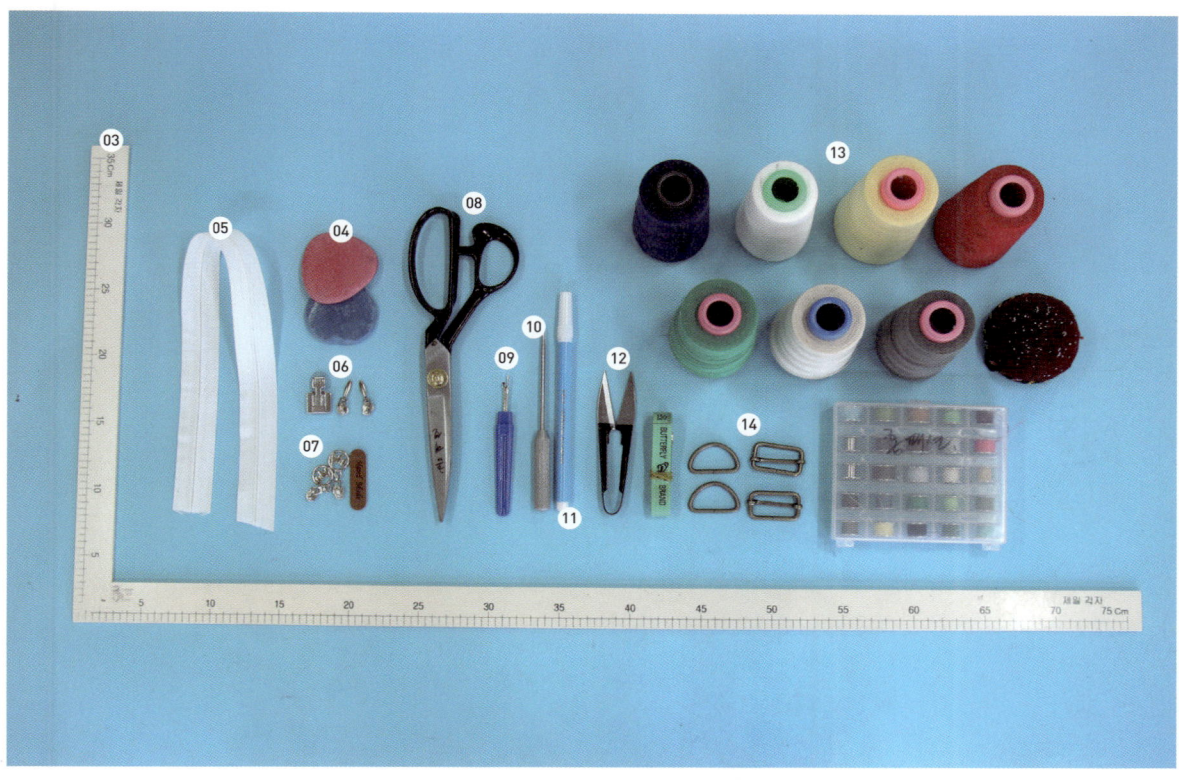

01 **가정용 재봉틀** : 작품을 만드는 데 필요한 가정용 재봉틀은 속도조절 기능이 있어 누구라도 쉽게 사용이 가능합니다.
02 **가정용 오버로크** : 작품을 완성하는 데 필요한 가정용 오버로크입니다.
03 **직각자** : 직각을 체크하기 위한 자로 재단할 때 사용합니다.
04 **초크** : 완성선이나 재단 선을 그릴 때 사용합니다.
05 **지퍼** : 일반적으로 3호를 많이 사용하며 원하는 길이만큼 잘라서 사용하면 됩니다.
06 **지퍼알** : 일반 지퍼와 함께 사용하며 지퍼레일의 두께에 맞춰 선택합니다.
07 **쟈크노루발** : 쟈크를 달 때 사용하는 노루발.
08 **재단가위** : 원단을 자를 때 쓰는 가위. 원단 외에 딱딱한 재료는 사용하지 말고 항상 미싱 기름을 발라 보관합니다.
09 **뜯개칼** : 잘못된 박음질 선을 잘라 낼 때 사용합니다.
10 **송곳** : 원단에 구멍을 낼 때 사용합니다.
11 **수성펜** : 완성선을 그릴 때 사용합니다.
12 **쪽가위** : 실을 자르거나 가위집을 낼 때 사용합니다.
13 **재봉실** : 원단에 맞는 두께와 색깔의 실을 선택하는 게 좋습니다.
14 **가방연결고리** : 웨이빙이나 장식 끈을 이용해 가방끈을 만들 때 사용합니다.

홈패션

아이를 키우는 엄마들의 필수품
기저귀 백팩

아이를 키우는 엄마들의 필수품, 기저귀 가방이에요. 젖병이나 기저귀 등을
손쉽게 수납할 수 있도록 칸칸이 공간을 나누어 실용성을 높여 주었죠.
만드는 과정은 다소 어렵지만 완성하고 나면 매우 만족감이 높은 아이템이랍니다.

난이도 ★★★★★
재단 236page 도안 참조
완성품크기 32×40×11(cm)

준비물

면, 스냅단추 2쌍, 가방끈(웨빙), 고리 2쌍, 바이어스, 지퍼, 고무줄

TIP

겉감원단에 퀼팅솜을 미리 붙여주면 편리합니다.

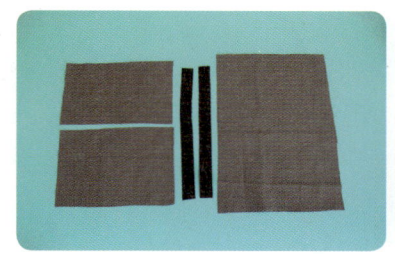

1 포켓을 도안 A 치수대로 그리고 재단합니다.

2 도안 A 왼쪽 포켓 원단에 지퍼를 달아 줍니다.

3 포켓 안감에 지퍼를 달아 줍니다.

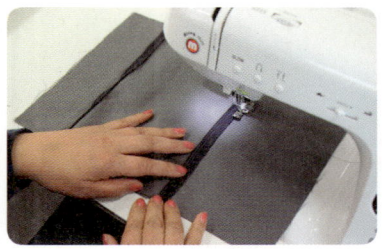

4 두 번째 포켓에 지퍼를 달아 줍니다.

5 지퍼 고리를 달아 줍니다.

6 포켓 A의 완성된 모습입니다.

7 겉감 B와 완성된 포켓을 준비합니다.

8 겉감 B1의 양쪽 끝에 지퍼를 달아 줍니다.

9 겉감 B2의 양쪽 끝에 지퍼를 달아 줍니다.

10 겉감 지퍼 쪽에 안감을 붙여 박습니다.

11 겉감 B1에 완성된 포켓 A의 지퍼와 연결하여 박음질합니다.

12 반대쪽 역시 같은 방법으로 지퍼를 연결합니다.

13 윗면도 붙여 박음질합니다.

14 윗면 박음질이 끝나면 뒤집어 줍니다.

15 뒤집은 후의 뒤판 모습입니다.

16 지퍼 연결이 완성된 앞판입니다.

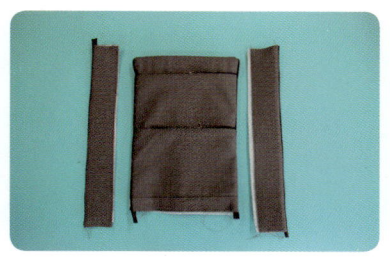

17 뒤판의 모습입니다.

18 포켓 C를 재단합니다.

19 포켓 C 원단을 위쪽 1cm로 말아 박은 후 중간 부분을 상침하여 2개의 포켓이 되도록 만듭니다.

20 뚜껑 D의 겉감과 안감을 재단합니다.

21 뚜껑 D 2장을 붙여 박음질합니다.

22 배낭 앞판이 모두 완성된 모습입니다.

23 뒤판 E의 겉감, 안감을 재단합니다.

24 뒤판 E1의 겉감과 안감을 서로 마주 보도록 놓고 붙여 박음질합니다.

25 윗면 F의 겉감과 안감을 재단하고 함께 붙여 박음질합니다.

26 웨빙끈을 준비하여 중앙 부분으로 약 10cm 정도만 접어 박습니다.

27 어깨끈 G의 겉감과 안감을 재단합니다.

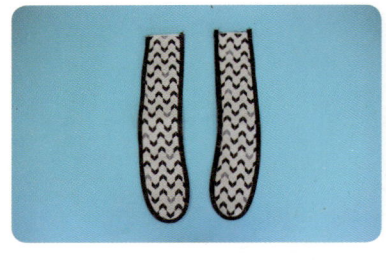

28 재단한 어깨끈의 겉감과 안감을 서로 마주 붙이고 가장자리 부분은 바이어스 처리합니다.

29 어깨끈 두 개를 25번 과정에서 만들어 둔 윗면 F에 붙여 줍니다.

30 웨빙끈을 어깨끈의 중앙 부분에 각각 달아 줍니다.

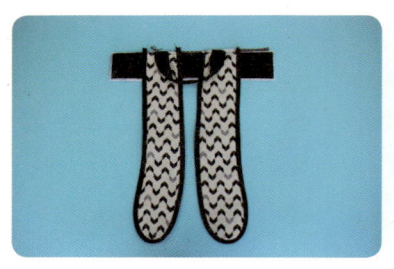

31 어깨끈이 완성된 모습입니다.

32 재단한 포켓주머니 E2의 위쪽을 말아 박고 중앙 부분에 고무줄을 넣어 완성합니다.

33 완성된 포켓주머니 E2를 뒤판 E1의 안감에 올려놓고 세 면을 모두 박음질합니다.

34 뒤판 E의 안감주머니가 완성된 모습입니다.

35 젖병주머니 H 2개분을 재단하여 사각원단 위쪽에 고무줄을 넣어 박아주고, 아래쪽은 반원을 돌려가며 박아 완성합니다. 완성하면 오른쪽 사진과 같이 젖병주머니 모양이 됩니다.

36 옆면 I 겉감과 안감을 재단합니다.

37 안감 I 양쪽에 젖병주머니를 달고 겉감 G에 포켓을 모두 붙여 완성합니다.

38 포켓 C를 배낭 앞판의 뒤쪽 아래 면에 붙여 박음질합니다.

39 뚜껑 D를 배낭 앞판의 뒤쪽 윗면에 붙여 박음질합니다.

40 앞판 B1, B2도 뚜껑 D와 연결해 박음질합니다.

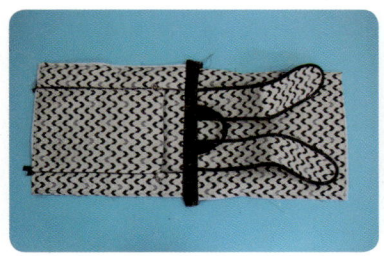

41 앞판 B와 뒤판 E, 윗면 F, 끈 G 연결이 모두 완성된 겉감의 모습입니다.

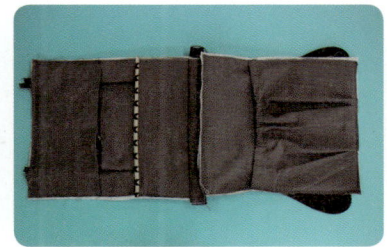

42 완성된 안감 모습입니다.

43 배낭 앞판에 옆면 I를 붙여 박음질합니다.

44 밑단도 함께 박으면서 한 바퀴 돌려 박아 줍니다.

45 앞판 쪽을 돌려 박은 모습입니다.

46 뒤판의 돌려 박기를 완성한 모습입니다.

47 바이어스로 시접을 모두 박아 깔끔하게 정리합니다.

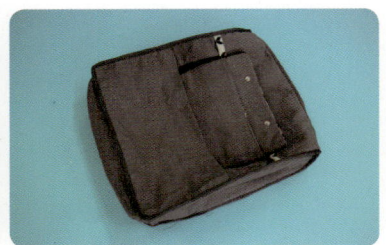
48 바이어스로 감싸 박은 모습입니다.

49 수납공간이 많아 매우 실용적이고 멋스러운 기저귀 백팩입니다.

홈패션

분유수유를 하는 엄마들을 위한
수유용품 가방

분유수유를 하는 엄마들을 위한 수유용품 가방입니다. 분유수유를 하게 되면 외출 시 젖병과 물병 등 챙겨 가야 하는 것들이 너무 많죠. 젖병 주머니와 다양한 수납공간이 있어 매우 편리하게 외출할 수 있도록 한 매력만점 가방입니다. 다양한 패턴의 겉감을 사용한다면 매우 트랜디한 느낌도 살릴 수 있어요.

| 난이도 ★★★★☆ |
| 재단 238page 도안 참조 |
| 완성품크기 34×32×10(cm) |

준비물

면(나염), 면(무지), 고무줄, 지퍼, 가방끈(웨빙끈), 바이어스

1 겉감 원단 A를 치수대로 그리고 재단합니다.

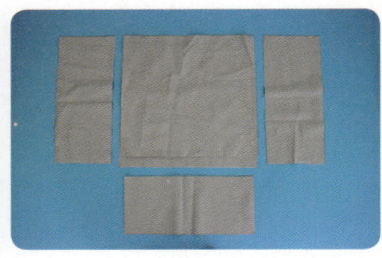

2 겉감 원단 B를 치수대로 그리고 재단합니다.

3 안감 원단 A를 치수대로 그리고 재단합니다.

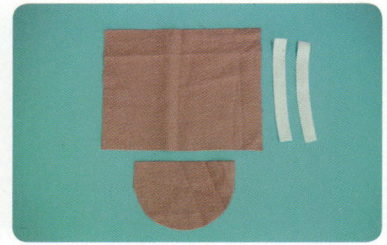

4 안감 원단 B를 치수대로 그리고 재단합니다.

5 겉감 원단 A의 앞판에 지퍼를 달아 줍니다.

6 겉감 원단 B의 앞판에 지퍼를 달아 줍니다.

7 겉감 원단 A의 뒤판에 지퍼를 달아 줍니다.

8 겉감 원단 B의 뒤판에 지퍼를 달아 줍니다.

9 겉감 원단 A, B의 앞판에 달아 준 지퍼에 고리를 끼워 줍니다.

10 겉감 원단 A, B의 뒤판에 달아 준 지퍼에 고리를 끼워 줍니다.

11 겉감 원단의 앞판과 뒤판이 완성된 모습입니다.

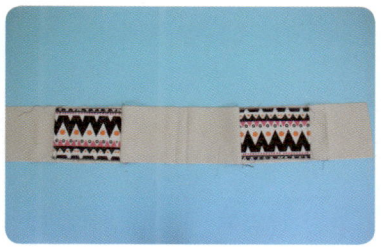

12 앞판의 옆면 양쪽으로 주머니를 달아 줍니다.

13 겉감의 앞면, 뒷면, 옆면, 밑면을 모두 박음질해서 연결합니다.

14 앞판이 완성된 모습입니다.

15 안감 속주머니 A 윗부분에 고무줄을 연결합니다.

16 고무줄을 당겨 가며 박음질합니다.

17 속주머니 A의 고무줄을 달아 준 부분을 제외한 나머지 세 면을 안감 원단과 박음질합니다.

18 속주머니 B도 안감 원단과 박아 주고, 중앙 부분은 상침질하여 두 개로 나누어 줍니다.

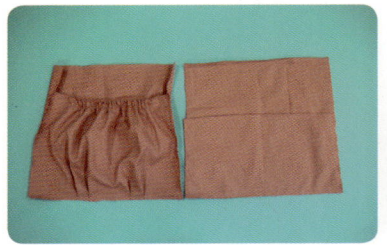

19 속주머니 A, B의 완성된 모습입니다.

20 젖병주머니 원단 위쪽에 고무줄을 넣고 박음질합니다.

21 밑단과 함께 반원을 돌려 가며 박음질합니다.

22 옆면에 고무줄을 박아 줍니다.

23 젖병주머니, 밑단, 고무줄을 넣은 옆면 안감이 완성되었습니다.

24 젖병주머니와 밑단 그리고 고무줄을 넣은 옆면을 모두 박음질하여 연결합니다.

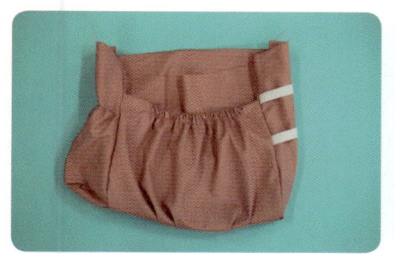

25 안감의 앞판 모습입니다.

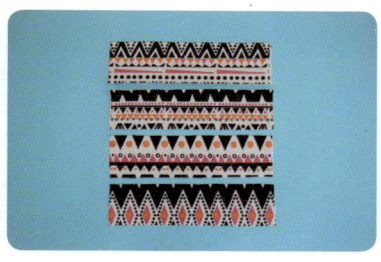

27 뚜껑 부분을 위한 겉감, 안감 원단(총 4장)을 재단합니다.

28 겉감과 안감 사이에 쟈크를 달고, 2겹으로 원단을 박음질합니다.

29 양쪽 끝을 바이어스 처리합니다.

30 겉감 안쪽에 뚜껑 부분을 달아 줍니다.

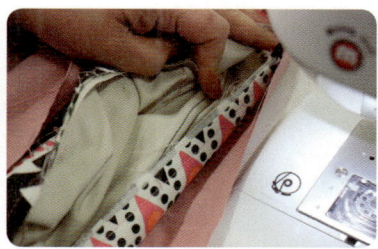

31 안감과 겉감을 마주보게 놓습니다.

32 안감과 겉감 속에 웨빙끈을 달아주고 1.5cm 시접으로 돌아가며 박음질 합니다.

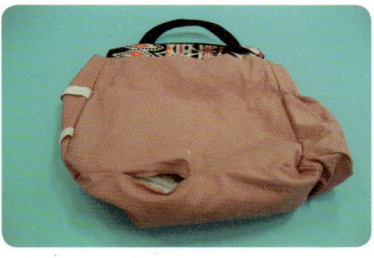

33 안감과 겉감을 모두 붙여 준 후, 창 구멍으로 뒤집어 줍니다.

34 산뜻하고 실용적인 수유용품 가방이 완성되었습니다.

홈패션

사랑스런 내 아이를 위해 만든
아기배낭

사랑스런 내 아이를 위해 만든 가방이에요. 끈을 위로 길게 묶으면 크로스가방이 되고,
어깨끈 두 개를 아래 고리에 묶으면 귀여운 백팩이 됩니다.

난이도 ★★★★☆
재단 240page 도안 참조
완성품크기 25×28×8(cm)

준비물

면, 퀼팅솜, 스냅단추 4쌍

TIP

겉감 원단에 퀼팅솜을 미리 붙여 주면 편리합니다.

1 겉감 원단을 치수대로 재단합니다.

2 안감 원단을 치수대로 재단합니다.

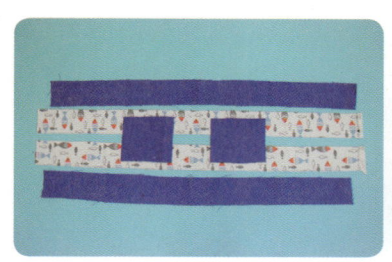

3 어깨끈 원단을 치수대로 재단합니다.

4 안감에 주머니를 달아 줍니다.

5 안감 두 장을 붙여 박음질합니다.

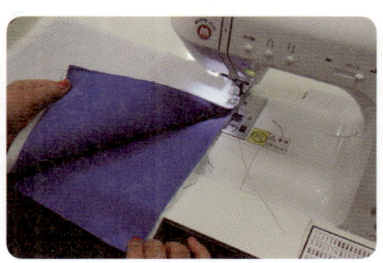

6 겉감 두 장을 붙여 박음질합니다.

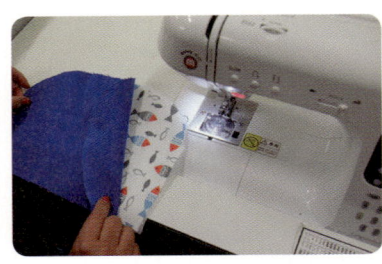

7 뚜껑 부분의 겉감, 안감을 붙여 박음질합니다.

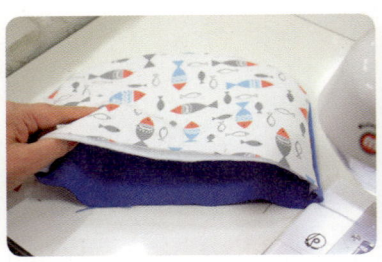

8 붙여 준 뚜껑을 뒤집어 줍니다.

9 겉감 심지 부분과 안감을 겹쳐 놓습니다.

10 겉감 심지와 안감을 함께 박음질합니다.

11 몸판과 함께 옆면을 박음질합니다.

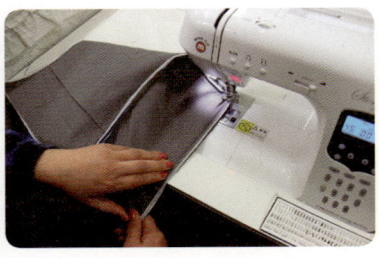

12 옆면을 박음질한 모습입니다.

13 몸판과 안감을 모두 붙여 박음질한 모습입니다.

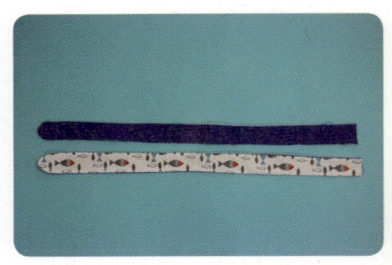

14 두 장의 어깨끈 원단을 겹쳐서 박음질합니다.

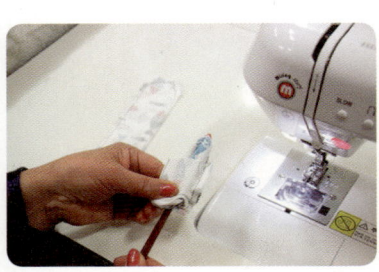

15 몸판 위쪽 고리 2개를 완성합니다.

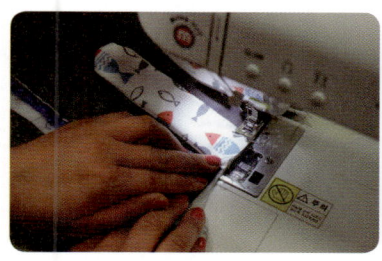
16 몸판 위쪽에 고리를 달아 줍니다.

17 몸판 위쪽의 양모서리에 끈을 달아 줍니다.

18 안감 시접을 바이어스 처리합니다.

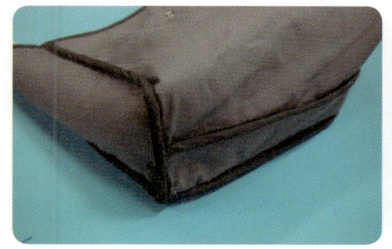
19 모서리를 모두 바이어스 처리한 모습 입니다.

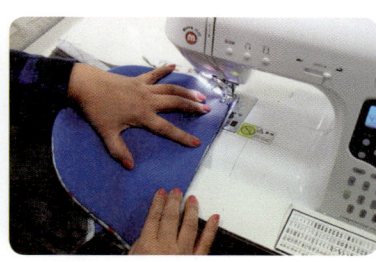
20 뚜껑을 달아 줍니다.

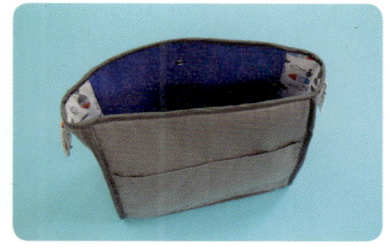
21 뚜껑 윗부분을 바이어스 처리합니다.

22 뚜껑에 스냅단추를 달아 줍니다.

23 끈고리에 스냅단추를 달아 줍니다.

24 예쁜 아기 배낭 겸 크로스가방이 완성 되었습니다.

평범함은 저리 가라! 예쁘고 멋스러운
물통 파우치

이제 평범한 물통 파우치는 잊으세요. 입구 부분을 X자로 묶어 주면 더욱 예쁘고 멋스러운 물통 파우치가 됩니다. 가지고 있는 물통의 길이에 따라 다르게 하여 나만의 물통 파우치를 만들어 보세요.

난이도	★★★★★
재단	241page 도안 참조
완성품크기	22×26×3(cm)

준비물

면(나염, 무지)

TIP

물통 길이에 따라 치수를 조절할 수 있습니다.

1 원단을 치수대로 재단합니다.

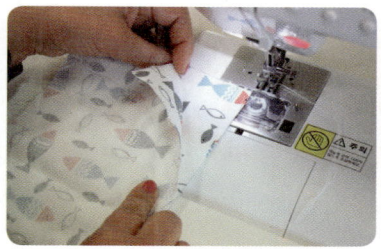

2 겉감 A 2장을 1cm 시접으로 윗부분을 제외하고 세 면을 박음질합니다.

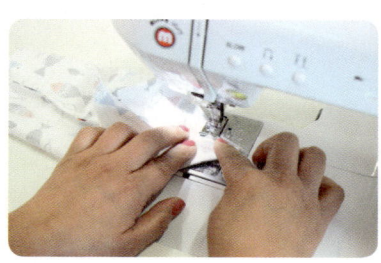

3 밑판 양쪽에 6cm로 각을 줍니다.

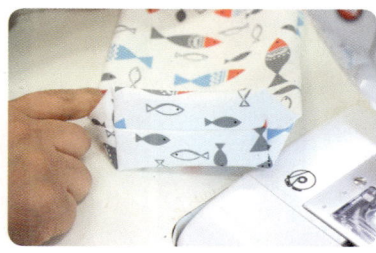

4 각을 주고 뒤집은 모습입니다.

5 안감 2장을 날개 부분은 제외하고, 1cm 시접으로 박으면서 창구멍 4cm 를 남깁니다.

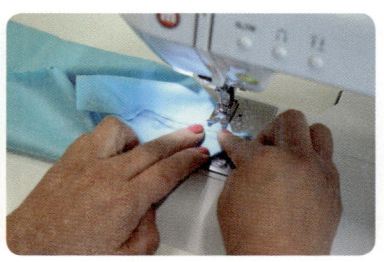

6 밑단 양쪽에 6cm 각을 줍니다.

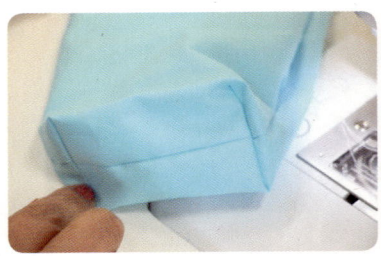

7 각을 주고 뒤집은 모습입니다.

8 겉감 B 2장을 1cm 시접으로 날개 부분을 빼고 박음질합니다.

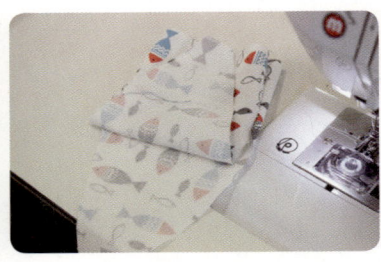

9 겉감 B 2장을 밑단 양쪽에 6cm 각을 주고 뒤집어 줍니다.

10 끈 1장을 4등분합니다.

11 4등분한 끈을 말아 박음질합니다.

12 겉감에 끈을 달아 줍니다.

13 양쪽 모서리에 끈을 단 모습입니다.

14 겉감과 안감을 붙여 놓습니다.

15 겉감과 안감을 박음질합니다.

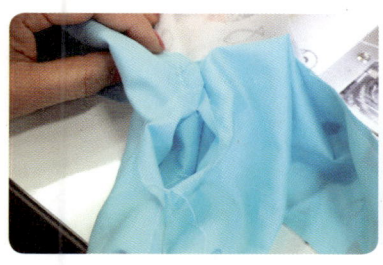
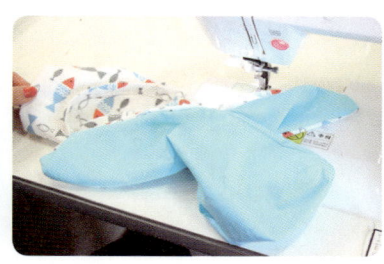

16 창구멍으로 뒤집어 줍니다.

17 겉감과 안감 뒤집은 모습입니다.

18 공그르기를 하여 창구멍을 닫고 깔끔하게 마무리합니다.

19 물통 파우치가 완성되었습니다.

20 입구 부분을 예쁘게 묶어 주면 깜찍한 물통 파우치가 됩니다.

홈패션

앙증맞은 크기에 어디에나 스타일리쉬한
조각 파우치

물건을 넣으면 주름이 펼쳐져 더욱 매력적인 플리츠 백이에요.
앙증맞은 크기로 어디에나 스타일리쉬하게 매치할 수 있어요.

난이도	★★★★☆
재단	겉감 A(나염) 12×17(cm) 6장
	겉감 A(무지) 4×17(cm) 4장
	겉감 B(무지) 27×7(cm) 2장
	안감은 겉감 치수와 개수를 동일하게 재단합니다.
	뚜껑 14×8(cm) 2장
완성품크기	25×20×6(cm)

준비물

면(나염, 무지)

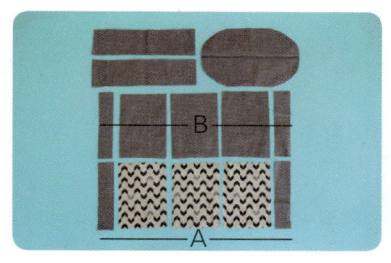

1 원단을 치수대로 재단합니다.

2 겉감 A에 무지 A를 올려 줍니다.

3 겉감 나염 3장, 무지 2장을 연결하여 박음질합니다.

4 안감 무지를 3번 과정과 동일하게 박음질합니다.

5 겉감을 주름을 잡고, 그 위에 무지 B를 올려 함께 박음질합니다.

6 겉감이 완성된 모습입니다.

7 안감이 완성된 모습입니다.

8 겉감 2장을 마주보게 겹쳐 놓습니다.

9 겉감을 박음질한 후 6cm 각을 접어 줍니다.

10 겉감을 뒤집은 모습입니다.

11 안감 2장을 마주보게 겹쳐 놓습니다.

12 겹쳐 놓은 안감을 창구멍 3cm를 남기고 박아 줍니다.

13 6cm 각을 잡아 줍니다.

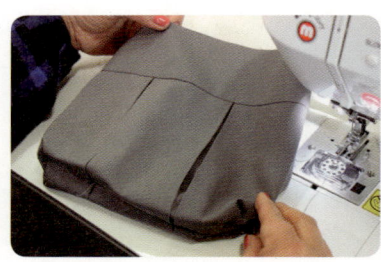

14 안감을 뒤집은 모습입니다.

15 겉감 뒤쪽에 뚜껑을 달아 줍니다.

16 뚜껑을 달아 준 모습입니다.

17 겉감과 안감을 마주보게 넣어 줍니다.

18 안감과 겉감을 돌려서 1.5cm 시접으로 박음질합니다.

19 안감과 겉감을 박아 준 모습입니다.

20 창구멍으로 뒤집은 후 박아 줍니다.

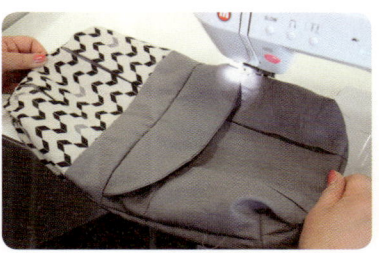
21 뒤집어 잘 정리합니다.

22 스냅단추를 달고 마무리합니다.

23 주름이 펴지면 더욱 예쁜 조각 파우치가 완성되었습니다.

PART 03 홈패션 | 조각 파우치

홈패션

패브릭 패턴이 앙증맞은
카드지갑

패브릭 패턴이 앙증맞은 카드지갑이에요. 크기가 크지 않기 때문에
자투리 원단을 활용해 만들 수 있어요. 손쉽게 만들 수 있으니
지인들을 위한 선물용으로도 좋아요.

난이도 ★★★☆☆
재단 겉감 14×10(cm) 2장
14×5(cm) 2장
안감 14×13(cm) 2장
완성품크기 11×10(cm)

준비물

면 원단, 지퍼 14cm(2개)

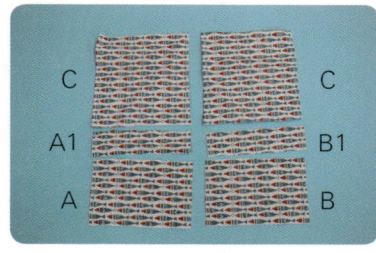

1 원단을 치수대로 재단합니다.

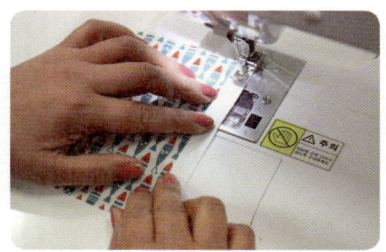

2 겉감 앞면에 지퍼를 달아 줍니다.

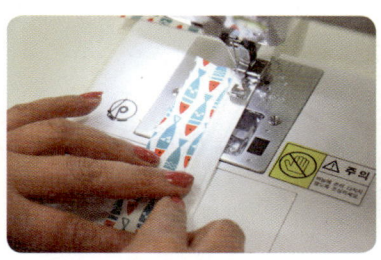

3 겉감 안면의 짧은 한쪽에 지퍼를 달아 줍니다.

4 겉감 뒷면에 지퍼를 달아 줍니다.

5 겉감 뒷면의 짧은 한쪽에 지퍼를 달아 줍니다.

6 지퍼 고리를 연결합니다.

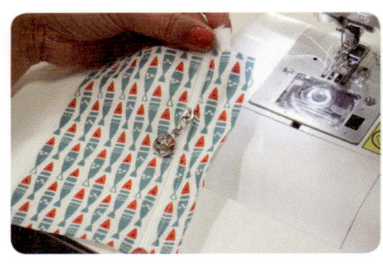
7 지퍼 고리를 연결한 모습입니다.

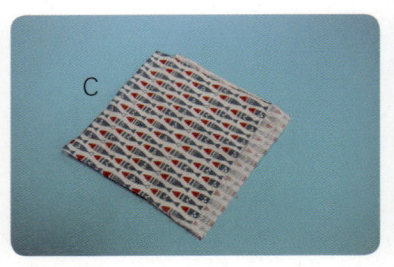
8 안감 두 장을 겹쳐 놓습니다.

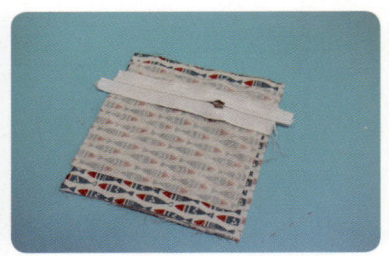
9 겹쳐놓은 안감 위에 지퍼를 달은 앞면을 올려놓습니다.

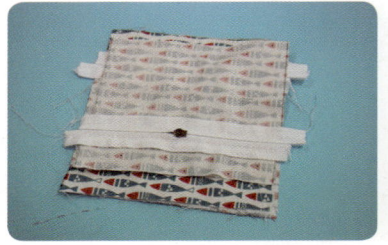
10 그 위에 겉감 뒷면을 반대로 올려놓습니다.

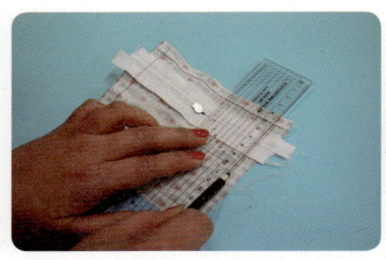
11 자와 연필을 이용하여 완성 사이즈(10x11cm)를 그립니다.

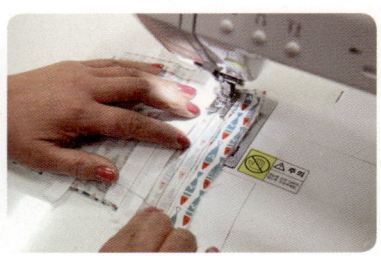
12 그려 준 완성 사이즈대로 4면을 모두 박음질합니다.

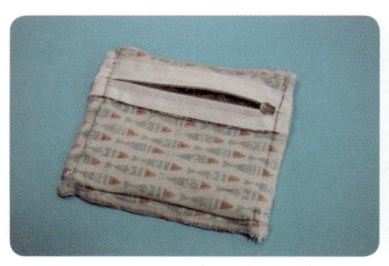
13 박음질이 끝나면 지퍼 구멍으로 뒤집어 줍니다.

14 예쁘고 실용적인 양면 지퍼 카드지갑이 완성되었습니다.

홈패션

찬바람 부는 늦가을부터 이른 봄까지 유용한 아이템
스노우빕

찬바람 부는 늦가을부터 이른 봄까지 매우 유용하게 쓰이는 스노우빕이에요.
극세사 원단을 사용하여 부드러운 촉감과 보온성을 높여 찬바람 부는 계절에 우리 아이의
목을 따뜻하게 감싸 주지요. 손쉽게 만들 수 있으니 내 아이를 위한
스노우빕을 직접 만들어 보세요.

난이도 ★★★☆☆
재단 면나염 앞판 60×12(cm),
A 12×12(cm)
극세사 뒤판 60×12(cm),
B 12× 12(cm)
완성품크기 10×57(cm)

준비물

면나염, 극세사

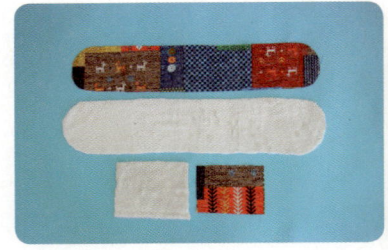

1 원단을 치수대로 재단합니다.

2 앞판 원단의 앞부분에 원단 A를 붙여 박음질합니다.

3 뒤판 앞쪽에 원단 B를 붙여 박음질합니다.

4 앞판과 뒤판을 서로 마주보게 놓습니다.

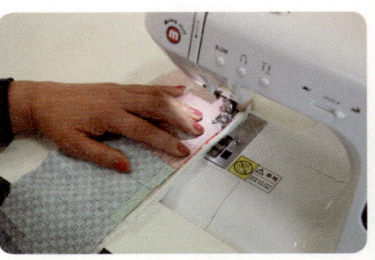

5 앞판과 뒤판을 겹쳐 놓은 후, 덧붙여 준 원단 중앙 부분 9cm를 남겨 둔 채 1cm 시접으로 박음질합니다.

6 중앙 부분의 창구멍으로 뒤집어 줍니다.

7 잘 정리해 뒤집어 준 모습입니다.

8 양쪽 중앙을 9cm 넓이로 박음질합니다. 창구멍도 함께 박음질 처리가 됩니다.

9 따뜻하고 예쁜 스노우빕이 완성되었습니다.

홈패션

화학 성분이 전혀 없는 100% 면으로 만든
면 생리대(중형)

귀찮아서 누가 쓸까 싶은 면 생리대. 하지만 요즘 건강과 환경 그리고
절약을 위해서라도 다시 면 생리대를 찾은 사람들이 많이 늘었다죠.
화학 성분이 전혀 없는 100% 면으로 만들어 민감한 여성의 몸에도
부담 없고, 냄새 걱정 없이 사용할 수 있는 면 생리대랍니다.
한번 만들어 놓으면 한 5년간은 사용할 수 있어요.
사이즈를 달리하여 대형, 중형, 소형, 팬티라이너도 만들어 보세요.

난이도 ★★★★★
재단 242page 도안 참조
완성품크기 18×28(cm)

준비물

면, 융(유기농), 방수천, 스냅단추 1쌍

TIP

면 생리대를 만들 때는 방수천을 사용하셔도 좋습니다. 방수천은 높은 열에도(300℃) 손상이 없기 때문입니다.

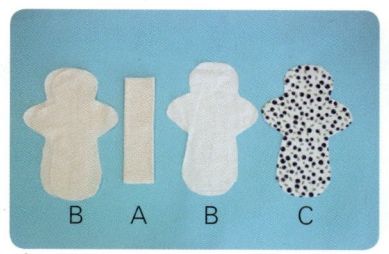

1 면 원단과 융 원단을 도안에 따라 재단합니다.

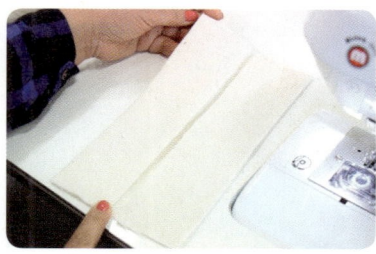

2 속지 원단을 4등분으로 접습니다.

3 접은 4면을 박음질합니다.

4 재단된 융 원단에 속지를 올려놓습니다.

5 올려놓은 속지를 박음질합니다.

6 겉감, 융 원단, 방수천을 올려놓고 창구멍 4cm를 남긴 후, 그려놓은 선대로 박음질합니다.

  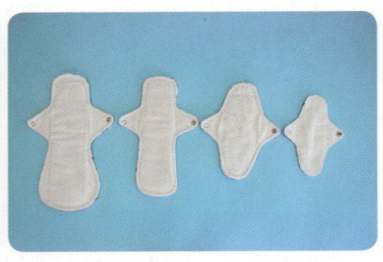

7 창구멍으로 뒤집어 줍니다.

8 생리대를 예쁘게 정리하여 창구멍을 막고, 돌아가며 상침해 줍니다.

9 날개 부분의 양 끝에 스냅단추를 달아 줍니다.

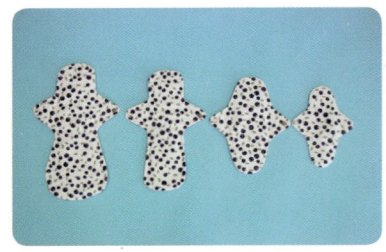

10 내 몸을 위한 유기농 면 생리대가 완성되었습니다.

홈패션

아기자기한 병아리 패턴의
생리대 파우치 I

한 달에 한 번 여성들은 비밀스러운 날을 맞이하죠.
그날에 필요한 생리대 파우치랍니다. 센스 있는 여성이라면 생리대를 담은 파우치를
가방 속에 늘 넣어 둔다면 갑작스러운 날 당황할 일은 없겠죠.

난이도 ★★★☆☆
재단 면 21×50(cm)
방수천 18×40(cm)
완성품크기 17×21×5(cm)

준비물

면, 방수천, 파이핑끈(55cm) 2개, 고무줄 12cm

1 원단을 치수대로 재단합니다.

2 원단의 4면을 모두 오버로크 처리합니다.

3 면 원단을 반으로 접어서 윗부분 6cm를 남겨놓고, 1cm 시접을 그립니다.

4 그린 선을 따라 양쪽 면을 박음질합니다.

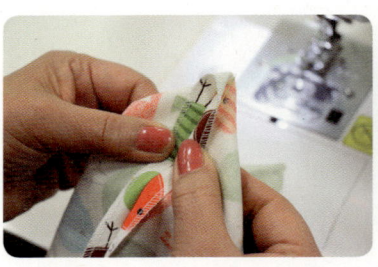

5 양 밑단을 삼각형으로 접어 줍니다.

6 양 밑단을 5cm로 각을 줍니다.

7 윗부분 6cm는 양쪽으로 갈라서 ㄷ자로 상침합니다.

8 상침을 완성한 모습입니다.

9 방수천을 뒤쪽 한 면에 고무줄을 넣고 박음질합니다.

10 고무줄을 당겨 박은 모습입니다.

11 고무줄을 넣은 반대면 위쪽을 2cm 남기고 반으로 접어 양쪽 면을 박음질합니다.

12 방수주머니가 완성되었습니다.

13 겉감 한쪽 윗부분을 2번 접어 2.5cm 두께로 만들어 박음질합니다.

14 고무줄을 넣은 주머니를 반대편 윗부분에 2번 접어 2.5cm 두께로 박음질합니다.

15 박음질이 완성된 모습입니다.

16 옷핀에 파이핑끈을 연결하여, 끈을 조여 주는 부분의 양쪽에 한 줄씩 끼워 줍니다.

17 양쪽에 끈을 모두 끼워 준 모습입니다.

18 산뜻한 생리대 파우치가 완성되었습니다.

홈패션

싸개단추를 달아 더욱 앙증맞게 표현한
생리대 파우치 Ⅱ

싸개단추를 달아 더욱 앙증맞게 표현한 생리대 파우치입니다.
4등분으로 접어 생리대를 보관할 수 있도록 만들었어요.

난이도 ★★★☆☆	
재단	겉감(나염) 17×13(cm), 안감(무지) 47×13(cm), 주머니(무지) 25×13(cm) 3장
완성품크기	11×45(cm)

준비물

면, 고무줄 5cm, 싸게단추 1개

1 면 원단을 치수대로 재단합니다.

2 주머니 원단 3장을 각각 반으로 접어 박음질합니다.

3 안감 무지 원단에 윗부분 6cm를 남겨 두고 주머니를 달아 줍니다.

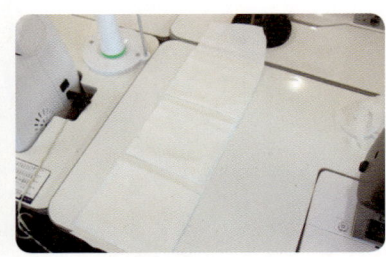

4 안감 3장을 1.5cm 간격을 두고 나란히 연결하여 박음질합니다.

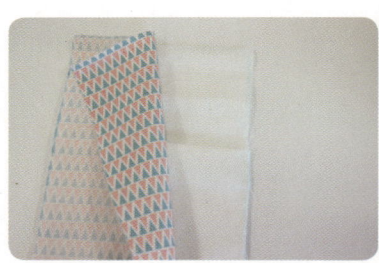

5 겉감과 안감을 마주보게 놓습니다.

6 위쪽을 반 접어 고무줄 고리를 넣고 함께 박음질합니다.

  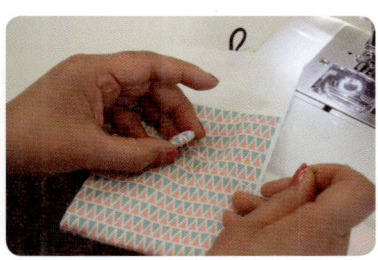

7 겉감과 안감을 마주보게 놓고, 아래쪽에 창구멍 5cm를 남기고 박음질합니다.

8 창구멍으로 뒤집고, 깔끔하게 다림질한 후 창구멍을 막아 줍니다.

9 싸개단추를 달아 줍니다.

 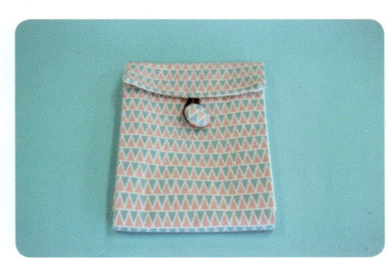

10 완성된 생리대 파우치의 안쪽 부분입니다.

11 4등분해 접으면 예쁜 파우치가 됩니다.

체크무늬 원단으로 포인트를 준
데님원피스 앞치마

체크무늬 원단으로 포인트를 준 간편한 데님원피스 앞치마입니다.
원피스 스타일이라 어깨끈이 흘러내릴 걱정이 없고,
양옆 커다란 주머니가 매우 편리하게 사용할 수 있답니다.

난이도 ★★★★★
재단 243page 도안 참조
완성품크기 65×85(cm)

준비물

청 원단, 면 나염, 바이어스 65cm, 단추 3개

1 원단을 도안에 따라 그리고 재단한다.

2 앞판 청 원단에 앞판 나염원단을 올려 놓고 박음질합니다.

3 박음질 후 가장자리는 오버로크 처리합 니다.

4 앞판의 완성된 모습입니다.

5 주머니 원단 2장을 말아 박음질합니다.

6 옆면 2개의 원단에 주머니를 달아 줍니다.

7 옆면 2개의 원단 위쪽은 말아 박음질합니다.

8 앞판 원단에 오른쪽 옆 원단을 박음질합니다.

9 앞판의 옆면, 뒷면을 박아 준 모습입니다.

10 왼쪽 옆 원단을 박아 줍니다.

11 앞판과 뒤판 그리고 오른쪽 어깨 부분을 서로 마주보게 놓고 박음질합니다. 박음질 후 원단의 모든 가장자리는 오버로크 처리합니다.

12 목선은 바이어스 처리합니다.

13 양옆 시접을 1.5cm 두께로 박아 주고 밑단은 2cm 두께로 박음질합니다.

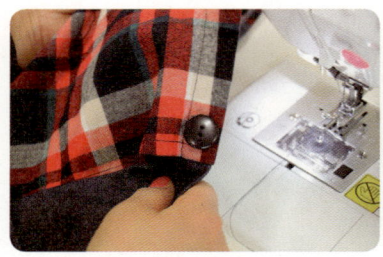

14 단추를 달고 다림질하여 마무리합니다.

15 실용적이고 멋스러운 앞치마가 완성되었습니다.

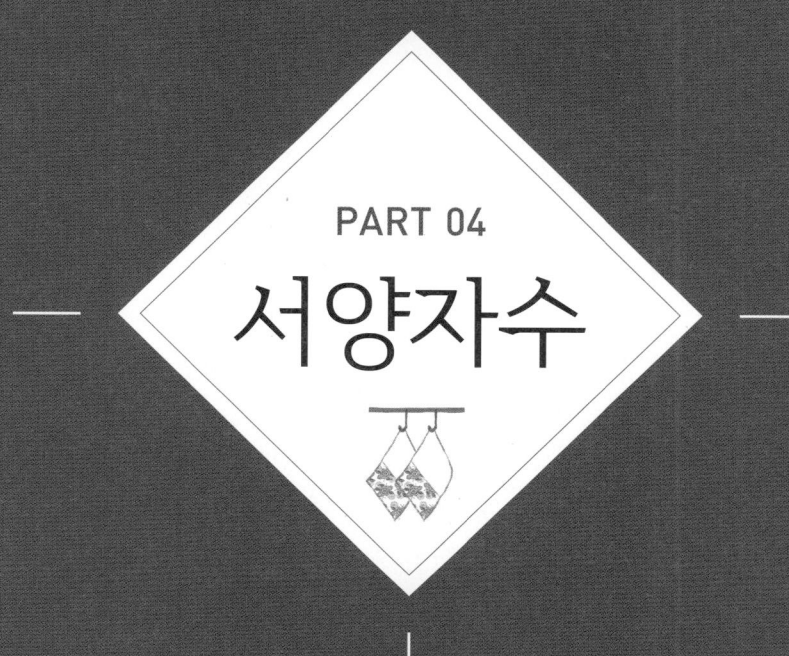

PART 04
서양자수

서양자수란

자수는 천 또는 헝겊, 가죽에 놓고자 하는 그림이나 문양을 그려 실이나 끈을 바늘이나 도구에 꿰어 수를 장식하는 기술을 칭합니다. 프랑스자수는 서양자수의 기초가 되어 보통 프랑스 자수라고 불리나 유럽과 남미의 자수를 통합하여 서양자수라고 부릅니다. 서양자수는 색실자수를 주로 하지만 흰 실로 자수를 놓는 것도 포함합니다. 바탕천 위에 어떤 기법과 부자재를 사용하느냐에 따라 수법과 종류가 100여 종 이상이 되며, 그 종류에는 리넨 자수, 튈 자수, 수단 자수, 코드 자수, 하댕거워크, 드론 워크, 커트워크, 스모킹 등이 있고 그밖에 라파이어 자수, 비즈자수, 리본 자수가 있습니다.

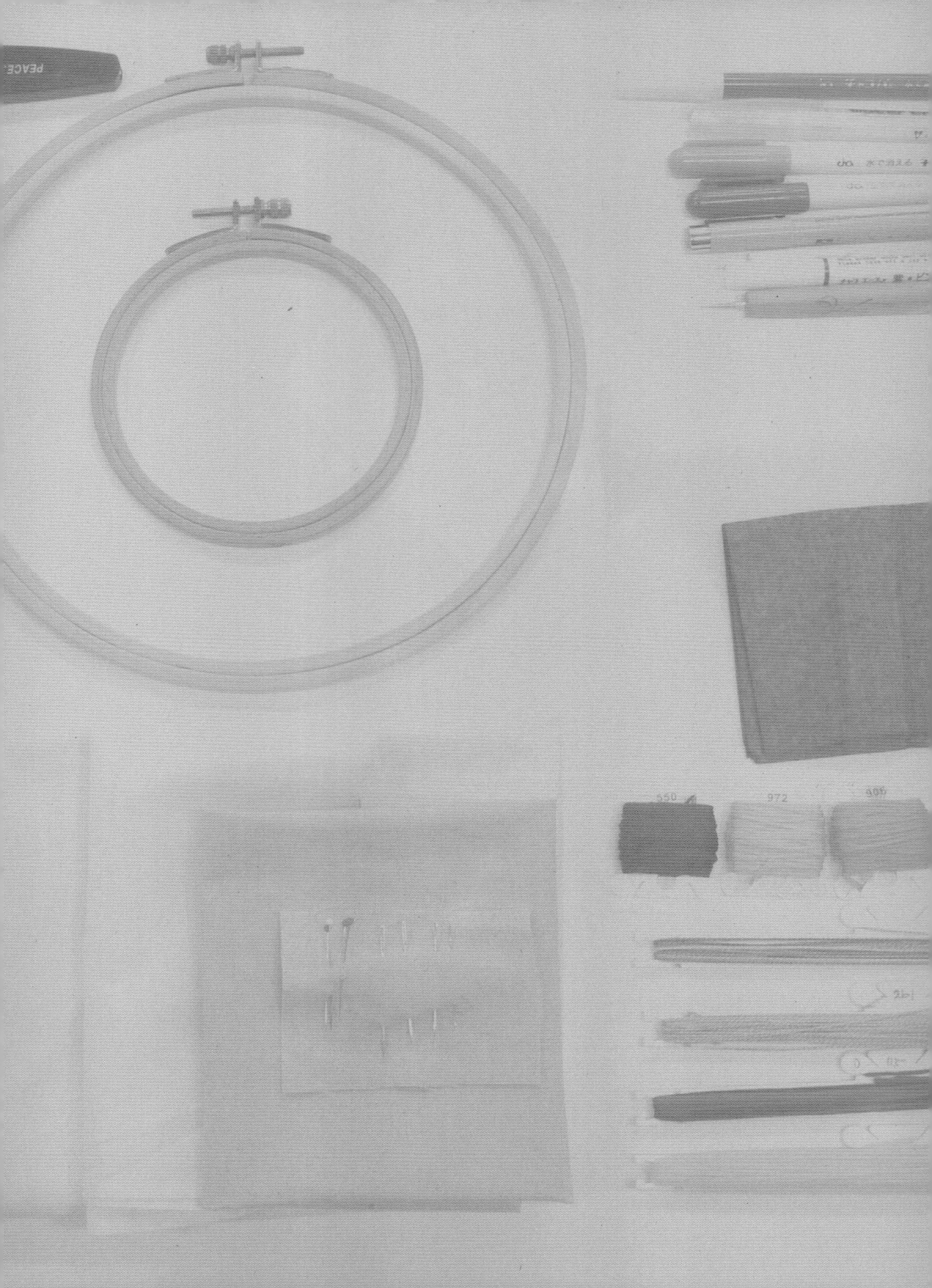

서양자수에 필요한 준비물

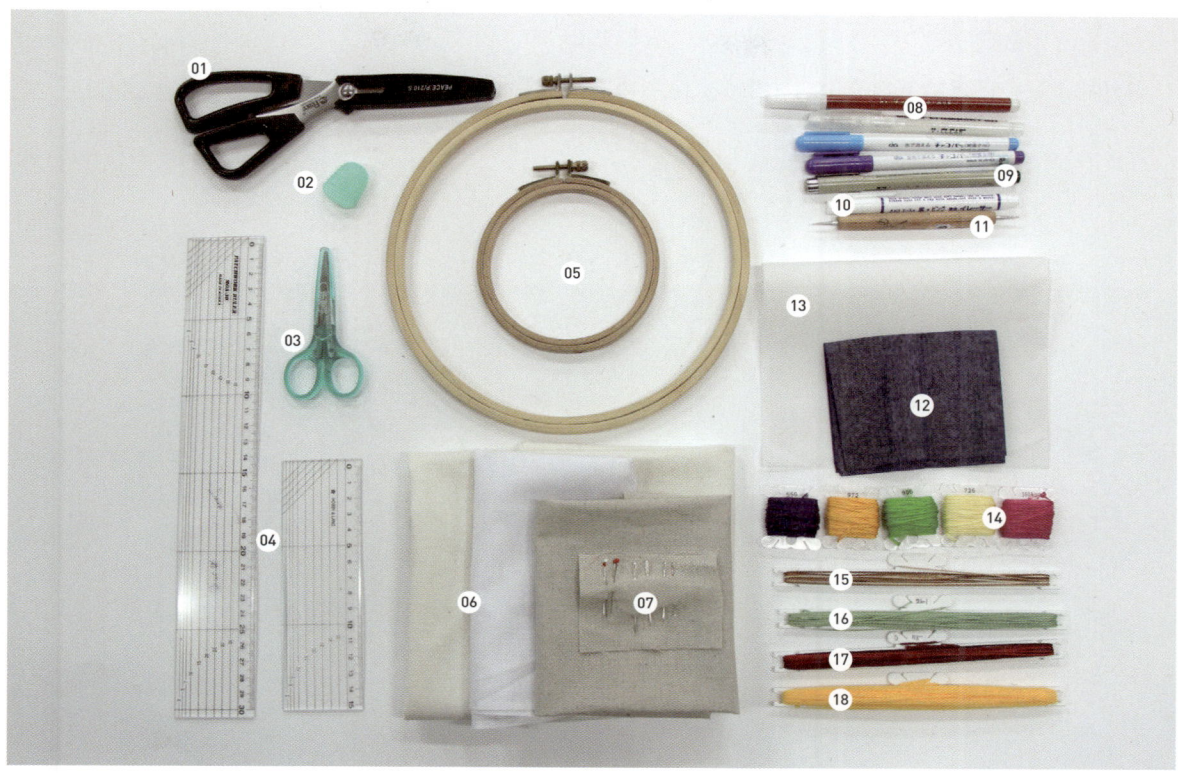

01 **재단 가위** : 천만 자르는 전용 가위를 사용하는 것이 좋습니다.
02 **실리콘 고무** : 골무는 바느질할 때 손가락이 다치는 것을 방지하고, 바늘을 눌러 밀어넣기 위해 손가락에 끼워쓰는 도구입니다.
03 **미니 가위** : 실을 자를 때 사용합니다.
04 **시접자** : 시접을 표시 하기 위해 사용하는 자입니다.
05 **수틀** : 수를 놓을때 바탕천을 팽팽하게 하여 가장자리를 잡아당겨 끼우는 틀입니다.
06 **천** : 광목천, 심지천, 린넨천
07 **자수바늘** : 전문 자수바늘은 매우 다양하며, 실의 굵기에 따라 바늘 호수가 달라집니다. 바늘은 호수가 클수록 가늘어 집니다.
08 **수성 마커 펜** : 수성잉크로 밑그림을 그리는 펜입니다.
09 **피그마 펜** : 천에 글씨를 쓸때 지워지지 않게 하는 펜입니다.
10 **수성 마커 펜 지우개** : 수성 잉크를 지우는 펜입니다.
11 **도트 펜** : 원단에 먹지를 놓고 도안을 그릴 때 사용합니다.
12 **먹지** : 천에 도안을 이용하여 밑그림을 그릴 때 사용합니다.
13 **트레이싱 페이퍼** : 자수도안을 원단에 옮길 때 사용하는 페이퍼입니다.
14 **25번사** : 흔히 우리가 알고 있는 십자수 실로 정식명칭은 25번사입니다.
15 **8번사** : 꼬임이 있는 실로, 굵기에 따라 8번사와 5번사로 나뉩니다. 5번사가 더 굵습니다.
16 **5번사** : 꼬임이 있는 실로, 굵기에 따라 8번사와 5번사로 나뉩니다. 5번사가 더 굵습니다.
17 **그라데이션 25번사** : 연한색 부터 진한색까지 그라데이션으로 되어있는 실입니다.
18 **울사** : 입체적 표현을 섬세하게 놓을 때는 울사는 사용하기도 합니다.

아우트라인 스티치

직선이나 곡선 등의 윤곽선을 표현하기에 좋은 스티치입니다.

난이도 ★★☆☆☆

TIP 꺾어지는 곡선에서는 스티치 땀수를 적게 줄여서 놓아야 합니다.

아우트라인 스티치 예시

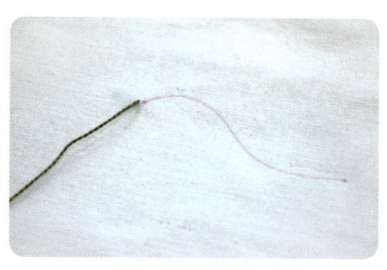

1 왼쪽 끝에서 바늘을 빼고 실은 아래로 향하게 둡니다.

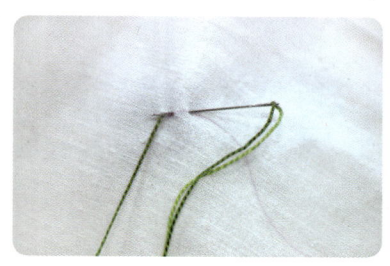

2 실을 아래로 두고 시작점 가까이에서 한 땀을 놓습니다.

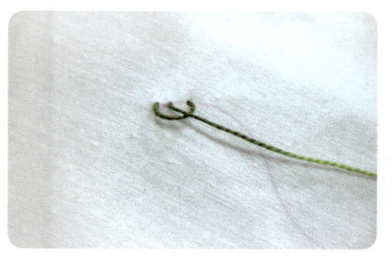

3 위와 같이 시작점에 가까이 붙이지 않고 0.2mm 정도 간격을 두고 첫 번째 스티치를 놓아 당깁니다.

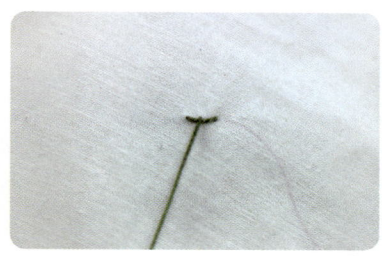

4 항상 실은 바늘 아래에 둡니다.

5 두 번째 스티치는 첫 번째 스티치 뒤쪽 가까이 붙여 바늘을 뺍니다.

6 각 스티치의 길이가 같도록 같은 방식으로 수를 놓으며, 마지막 스티치 자리에 바늘을 놓고 빼지 않습니다.

7 아우트라인 스티치 완성

8 아우트라인 스티치 뒷면에는 사진과 같이 백 스티치가 만들어집니다. 백 스티치를 감아 마무리합니다.

스트레이트 스티치와
밀 플라워 스티치

난이도 ★★★★★

짧은 라인을 표현하거나 직선수를 놓을 때 사용되는 스티치입니다.
다른 스티치와 매치하는 데 좋은 기법 중 하나입니다.

스트레이트 스티치와
밀 플라워 스티치 예시

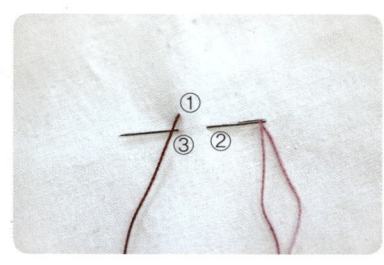

1 ①로 바늘을 빼서 ②에서 ③으로 바느질합니다.

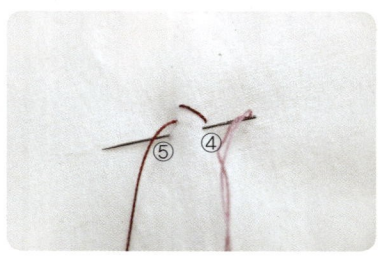

2 ④에서 ⑤로 바느질합니다.

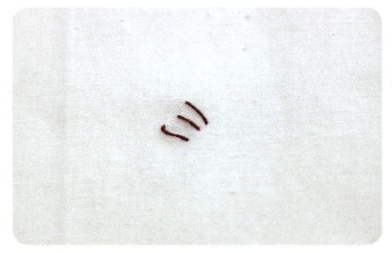

3 스트레이트 스티치 완성

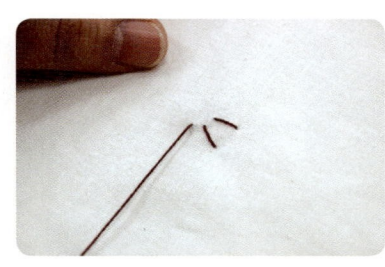

4 작은 원을 그려 안쪽에서 바깥쪽으로 수를 놓습니다.

5 직선으로 수를 놓는 과정을 반복합니다.

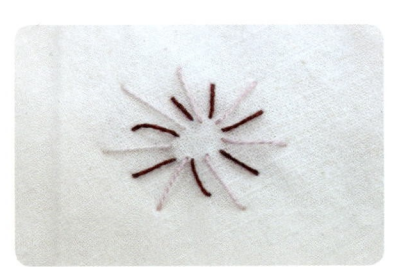

6 밀 플라워 스티치 완성

PART 04 서양자수 | 스트레이트 스티치와 밀 플라워 스티치

체인 스티치

체인 스티치는 가장 다양한 쓰임새가 있는 기본 스티치로
고리를 엮어 길고 둥글둥글한 라인을 표현합니다.

난이도 ★★☆☆☆
TIP 바로 옆에 붙여 실이 겹치지 않게 모양을 만들어 주어야 예쁜 모양이 나옵니다.

체인 스티치 예시

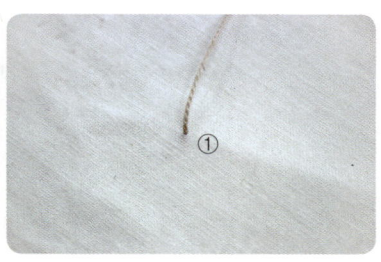
1 ①로 실을 뺍니다.

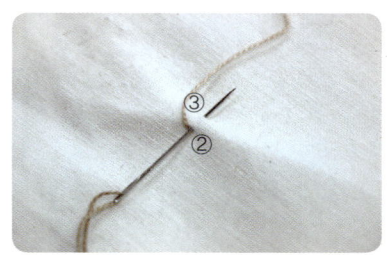
2 ① 바로 옆에 실을 집어넣고 뺀 후, 바늘 아래에 실을 둡니다.

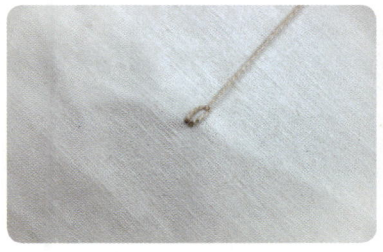
3 고리 모양이 만들어질 때까지 실을 천천히 당깁니다.

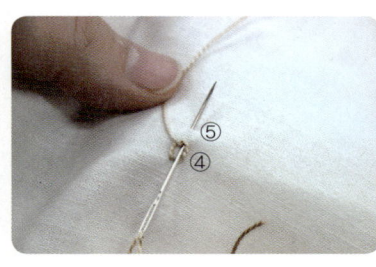
4 실이 나온 바로 옆으로 바늘을 다시 넣고, 실을 바늘 아래에 둡니다.

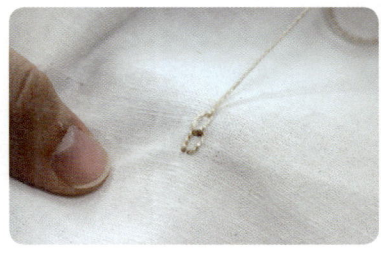
5 고리를 만들어 조심스럽게 당겨 두 번째 고리를 만듭니다.

6 원하는 길이만큼 체인 스티치를 반복합니다.

7 고리 바로 옆에 바늘을 꽂아 마무리합니다.

8 체인 스티치 완성

플라이 스티치

Y 또는 V자를 닮은 스티치로 새, 벌레, 나뭇잎 등
다양하게 표현할 수 있습니다.

난이도 ★★★★★

플라이 스티치 예시

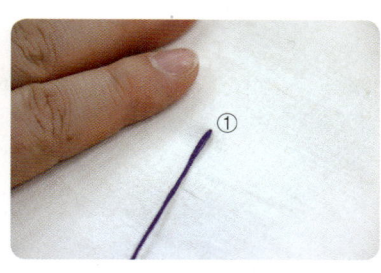
1 실은 ①에서 뺍니다. 이 스티치는 왼쪽에서 시작하는 것이 좋습니다.

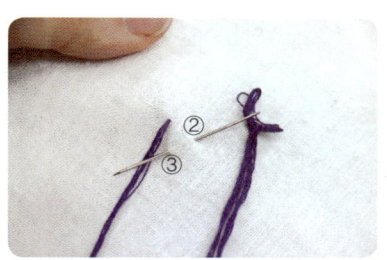
2 ②로 넣어 ③으로 뺍니다.

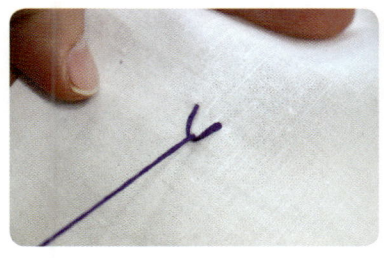
3 실을 ③번으로 나오게 하여 고리가 자연스럽게 실에 걸리도록 합니다.

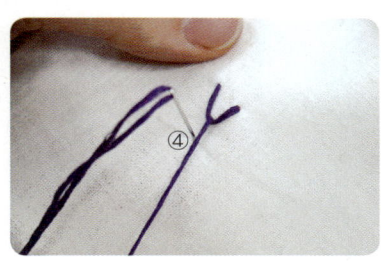
4 실을 당겨 필요한 곳에 바늘을 넣어 마감합니다.

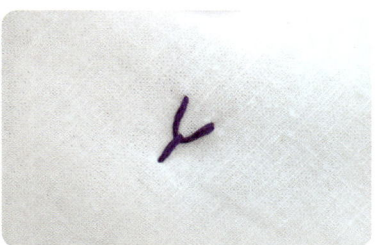
5 마무리 실은 길게도 또는 작게도 하여 스티치를 놓습니다.

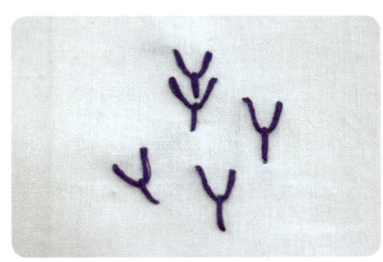
6 반복하여 수를 놓으면 다양한 모양의 자수를 표현할 수 있습니다.

페더 스티치

깃털이란 뜻이 있는 페더 스티치는 좌우로 반복되는 곁가지로 표현합니다.

난이도 ★★★★★
TIP 바늘의 각도와 스티치 길이를 일정하게 유지해야 예쁘게 수를 놓을 수 있습니다.

페더 스티치 예시

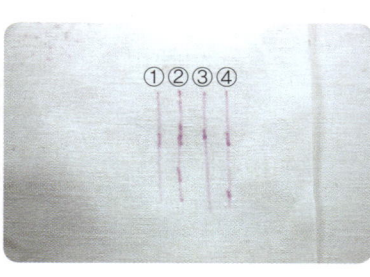

1 이 스티치는 위에서 아래로 진행하며 왼쪽에서 오른쪽으로 번갈아 가며 수를 놓는 스티치입니다.

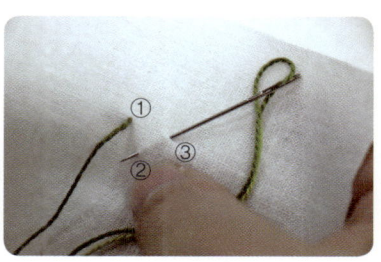

2 ①로 바늘을 빼고, 오른쪽 ③으로 넣어 다시 ②로 바늘을 뺍니다.

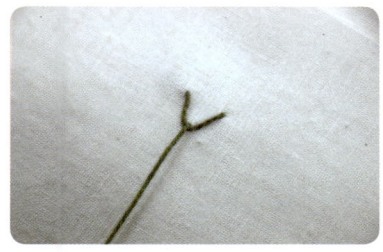

3 고리를 바늘 아래에 두고 아래쪽으로 실을 당깁니다.

4 바늘을 ④로 넣고 ⑤로 뺍니다.

5 실을 당겨 두 번째 스티치를 완성합니다.

6 바늘을 아래로 향하게 하고 고리를 고정시킨 후 ⑥에서 ⑦로 바늘을 넣습니다.

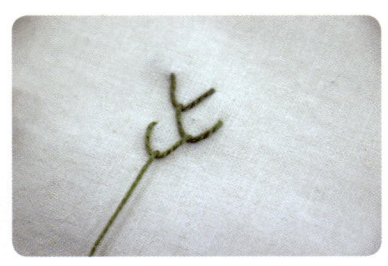

7 실을 아래로 당깁니다.

8 4~7번의 과정을 계속 반복하여 수를 놓습니다.

9 마지막 아래 고리 앞에 바늘을 바짝 붙여서 마무리합니다.

10 페더 스티치 완성

스타 스티치

단독으로 손쉽게 수를 놓을 수 있는 스티치로 주로 배경이나 바탕을 표현하는 데 사용됩니다.

난이도 ★★★★★

스타 스티치 예시

1 천에 별 모양을 표시합니다.

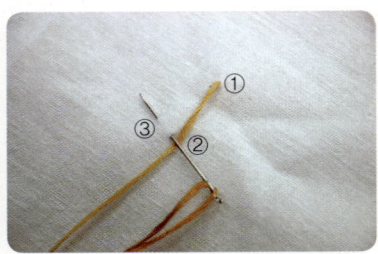

2 ①에서 바늘을 빼 ②로 넣고, 다시 ③으로 바늘을 뺍니다.

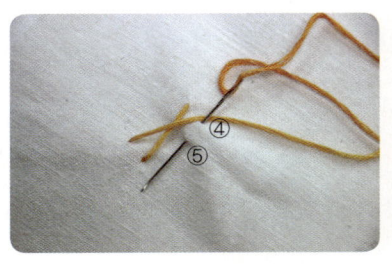

3 실을 당겨서 첫 스티치의 위를 지나 ④로 넣은 후 ⑤로 뺍니다.

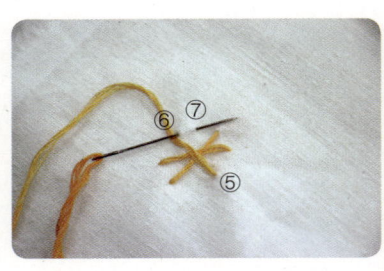

4 ⑤에서 ⑥으로 바늘을 넣고, ⑦로 뺍니다.

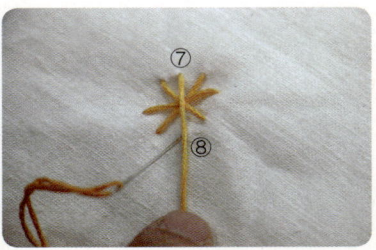

5 바늘을 ⑦에서 ⑧로 넣습니다.

6 별 모양 스티치를 완성하고, 바늘을 중심점 가까이로 뺍니다.

7 교차점을 지나 반대편 중앙 가까운 곳에서 마무리합니다.

8 스타 스티치 완성

스크롤 스티치

난이도 ★★★☆☆

스크롤 스티치는 두루마리 또는 혹은 소용돌이 무늬장식을 뜻하는 말로 테두리를 멋지게 표현하고자 할 때 사용됩니다.

스크롤 스티치 예시

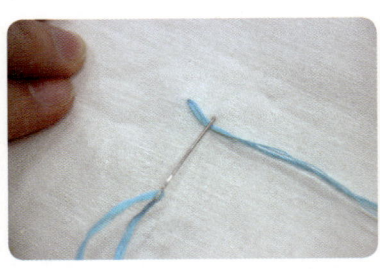
1 천에서 실을 빼서 바늘 뒤쪽으로 놓습니다.

2 바늘을 ①에서 ②로 뺍니다.

3 바늘을 천에 꽂아 둔 채로 실을 뒤에서 앞쪽으로 감아 고리를 만듭니다.

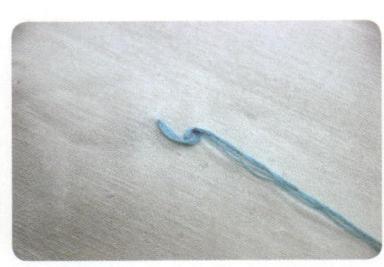
4 실을 당기면 첫 스티치가 완성됩니다.

5 바늘을 ③에서 ④로 빼서 천에 그대로 꽂아 두고, 3번 과정과 같이 실을 감아 고리를 만듭니다.

6 같은 방법으로 반복하여 수를 놓습니다. 마무리는 스티치 바로 옆에 바늘을 놓고 뒷면에서 실을 매듭짓습니다.

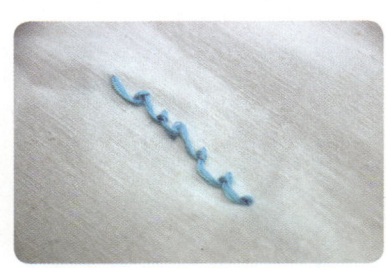
7 스크롤 스티치 완성

로프 스티치

굵은 밧줄의 느낌을 가진 스티치입니다. 5번사로 수를 놓으면 더 예쁘게 표현됩니다.

난이도 ★★★★☆
TIP 위에서 아래로 내려가는 스티치라는 것을 염두하고 수를 놓습니다.

로프 스티치 예시

1 ①로 실을 빼서 ②로 바늘을 넣습니다.

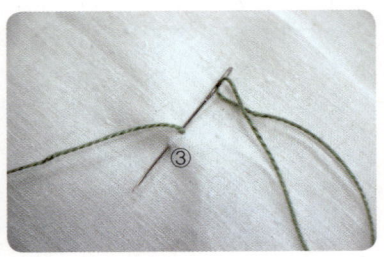
2 바늘을 약간 사선으로 ① 아래쪽에 놓고 ③으로 뺍니다.

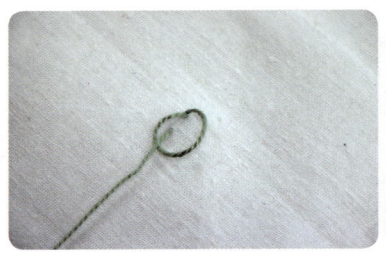
3 고리를 만들어 실을 당깁니다.

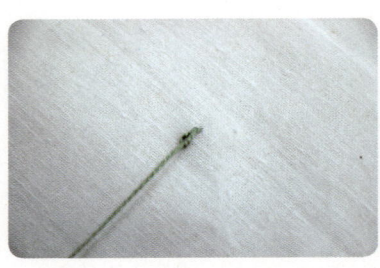
4 실을 천천히 당겨서 고리가 팽팽해지도록 합니다.

5 ①과 ② 교차점 사이의 혹에 바늘을 넣고 고리 아래쪽으로 바늘을 뺍니다.

6 고리를 천천히, 팽팽하게 당깁니다.

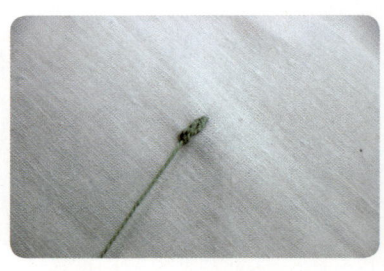
7 두 번째 스티치가 완성되었습니다.

8 첫 번째 고리와 두 번째 스티치 사이에 홈이 생기는 것을 확인할 수 있습니다.

9 홈 사이에 바늘을 넣고 두 번째 고리 아래로 바늘을 빼서 고리를 당깁니다.

10 9, 10번 과정을 계속 반복하여 원하는 길이를 만듭니다.

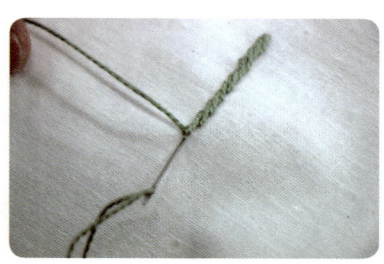
11 마지막 고리를 넘어 마무리합니다.

5번사를 사용한 로프 스티치

25번사를 사용한 로프 스티치

PART 04 서양자수 | 로프 스티치

프렌치 노트(프렌치 넛) 스티치

동글동글한 매듭 모양의 스티치입니다. 씨앗을 표현하거나 여러 개를 놓아 꽃을 표현해도 좋습니다.

난이도 ★★★☆☆
TIP 바늘을 수직으로 넣어야 모양이 예쁘게 나옵니다.

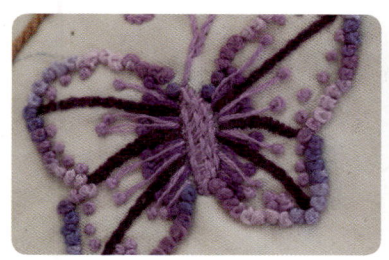

프렌치 노트 스티치 예시

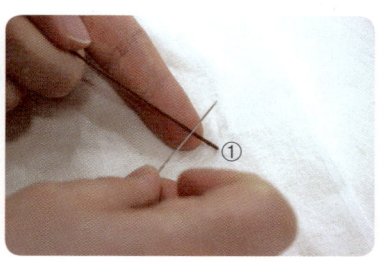

1 천에서 ①로 실을 빼서 왼쪽 검지에 실을 놓고, 실 위에 바늘을 놓습니다.

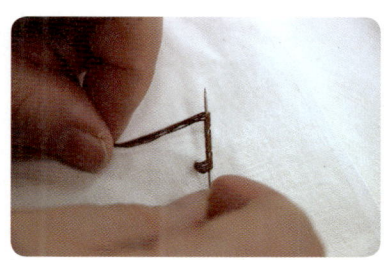

2 왼손으로 실을 2~3번 바늘 위로 휘감아 올립니다.

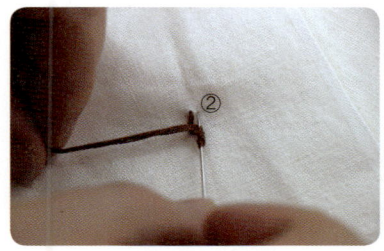

3 왼손으로 실을 잡은 채 바늘을 천천히 움직여 ①번 옆의 ②로 바늘을 넣습니다.

4 왼쪽 네 손가락을 천 밑으로 넣어 중지와 약지 사이에 바늘을 끼웁니다.

5 밀어 내린 천 위에 바늘을 수직으로 놓고 실을 당깁니다.

6 왼쪽 검지로 바늘귀를 밑으로 밀어 넣습니다.

7 실이 엄지 아래에서 완전히 없어질 때까지 노트 스티치를 엄지로 계속 누르고 있어야만 모양이 예쁘게 나옵니다. (엄지 밑의 노트 모습)

8 프렌치 노트 스티치 완성

로제트 체인 스티치

작은 원으로 수를 놓는 스티치입니다. 주로 꽃 모티브에 사용됩니다.

난이도 ★★★★☆
TIP 오른쪽에서 왼쪽으로 진행하는 스티치입니다.

로제트 체인 스티치 예시

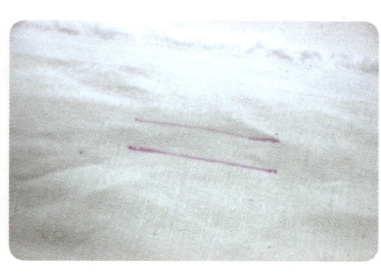
1 천 위에 평행선을 그립니다.

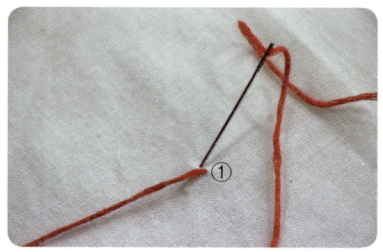
2 ①로 바늘을 빼서 실을 시계 반대방향으로 한 바퀴 감습니다.

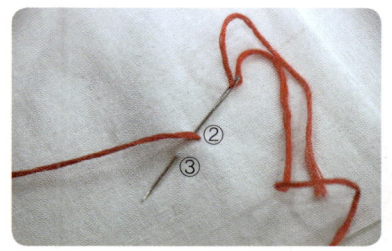
3 ②에서 ③으로 바늘을 뺍니다.

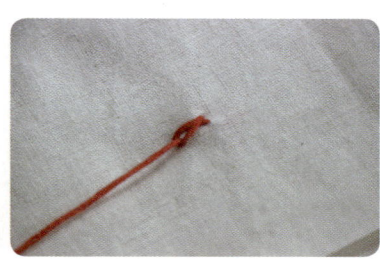
4 실이 서로 꼬일 때까지 고리를 팽팽하게 아래 방향으로 실을 당깁니다.

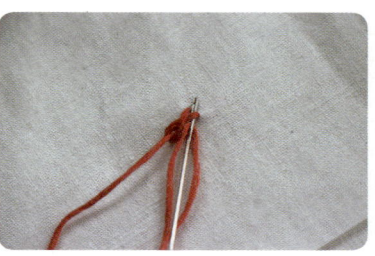
5 바늘귀 뒷부분을 오른쪽 라인 밑으로 넣어 왼쪽 방향으로 뺍니다.

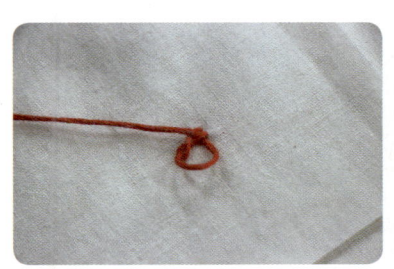
6 왼쪽으로 실을 천천히 당깁니다.

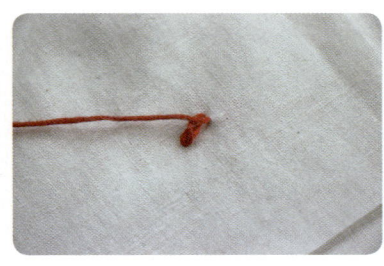
7 첫 번째 스티치가 완성되었습니다.

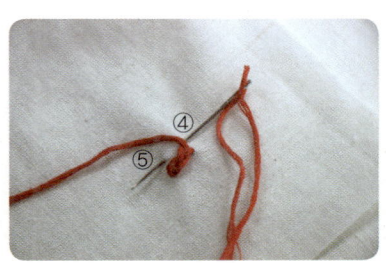
8 바늘을 ④에서 ⑤로 넣습니다.

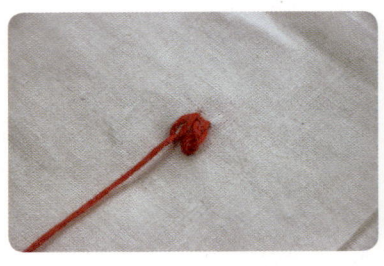

9 4번 과정처럼 실을 감아 고리를 만듭니다.

10 5번 과정처럼 바늘귀를 오른쪽에서 왼쪽으로 뺍니다.

11 실을 당겨 두 번째 스티치를 완성합니다.

12 같은 방식으로 촘촘하게 수를 놓습니다. 마무리는 왼쪽 라인에 넣어 마감합니다.

13 로제트 체인 스티치 완성

블랭킷 휠 스티치

난이도 ★★★★★

가운데에서 바깥쪽으로 촘촘히 원을 그리며 동그라미 모양으로 예쁜 꽃을 만드는 기법입니다.

블랭킷 휠 스티치 예시

1 천 위에 원을 그립니다.

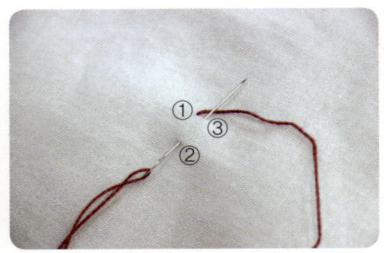

2 원 바깥쪽에서 바느질을 시작합니다. ①로 바늘을 빼고 ②의 원 중심으로 넣어서 ③으로 뺍니다.

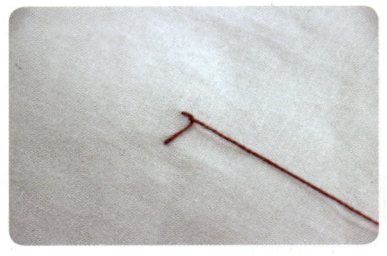

3 동그라미 선에서 멀어지는 느낌으로 실을 당깁니다.

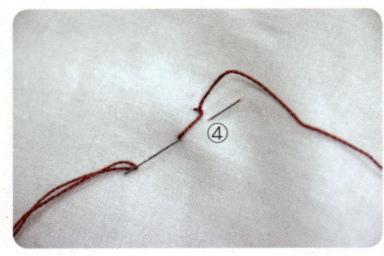

4 중심에서 ④번으로 바늘을 뺍니다.

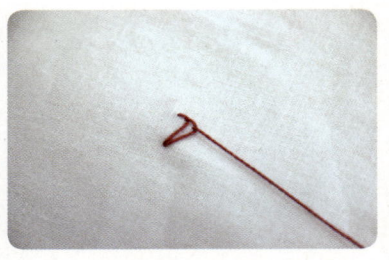

5 실을 잡아 스티치 모양을 만듭니다.

6 천을 움직여 가며 원을 따라 실을 당겨 수를 놓습니다.

7 반복해서 수를 놓다가 바늘을 ①로 넣어 연결되는 느낌으로 마무리합니다.

8 중심에 프렌치 노트 스티치를 놓으면 꽃이 완성됩니다.

카우칭 스티치

굵은 실을 가는 실로 고정시켜 진행하는 스티치입니다.

난이도 ★★☆☆☆
TIP 서로 다른 실을 사용하여 수를 놓으면 더욱 화려하게 표현할 수 있습니다.

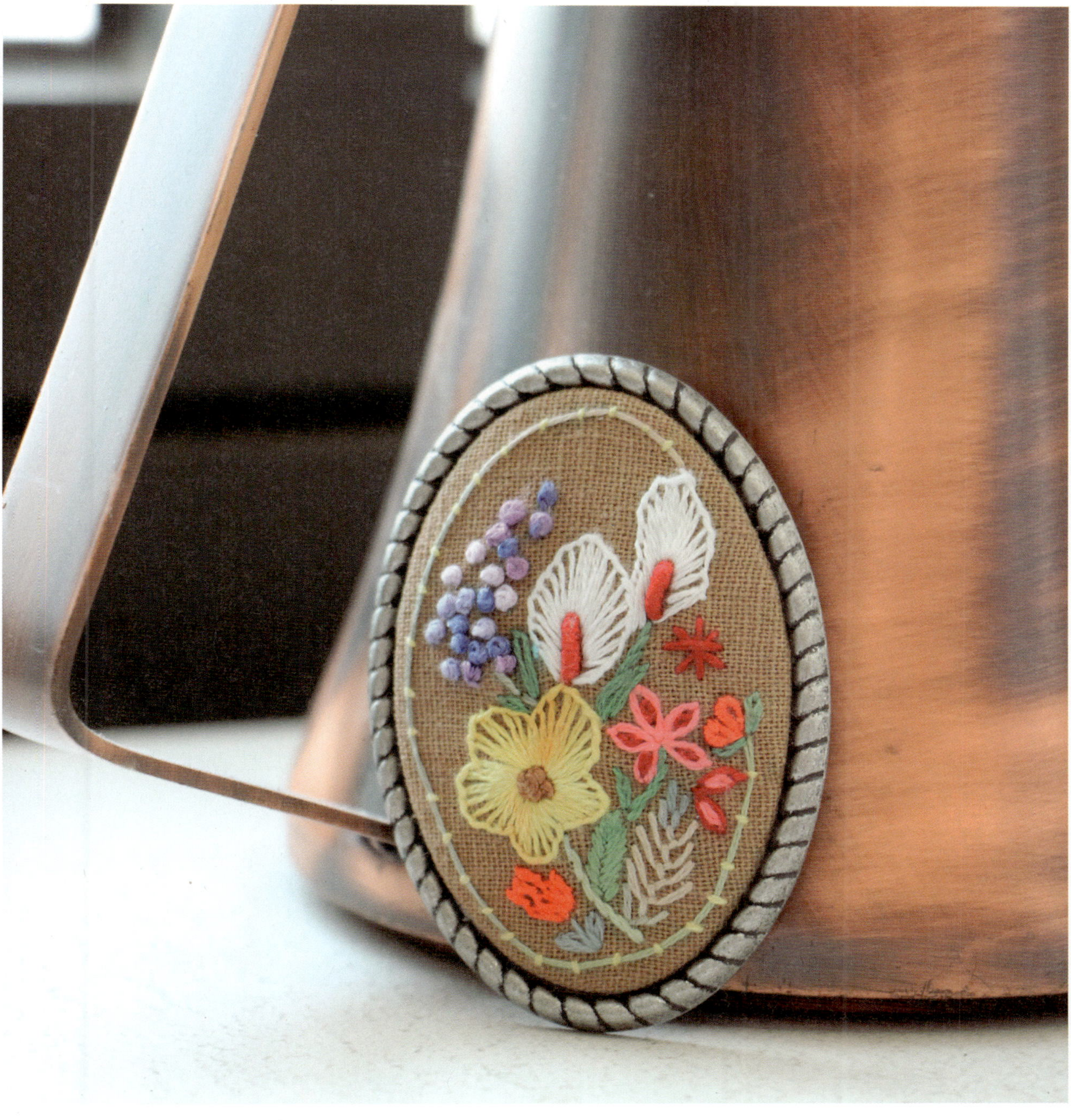

카우칭 스티치 예시

1 라인의 시작점으로 ① 실을 뺍니다. 또한 ② 라인을 따라 놓는 실도 뺍니다.

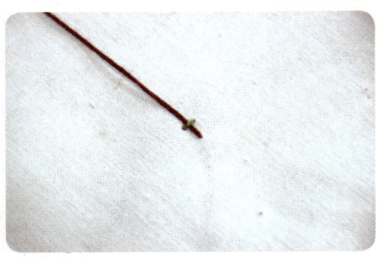

2 선이 만들어지는 실을 밑에 두고 라인을 감싸는 실을 앞으로 넘겨 실을 고정합니다.

3 바늘을 사선으로 빼면서 라인을 따라 수를 놓습니다.

4 같은 방법으로 수를 놓아 고정합니다. 두 실 모두 천 뒤에서 마감합니다.

5 카우칭 스티치 완성

링 스티치

난이도 ★★★★★

동글동글 원을 만들 수 있는 스티치입니다

링 스티치 예시

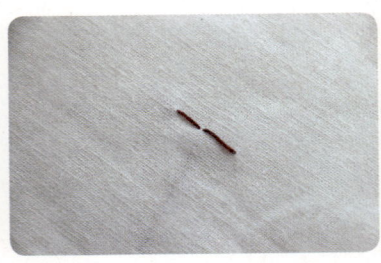
1 원을 중심으로 좌·우 기둥을 만듭니다.

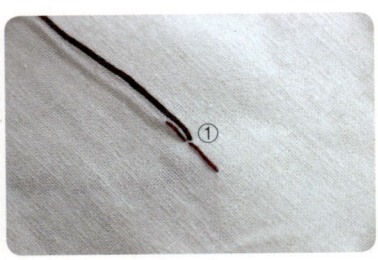
2 원 중심 ①로 실을 뺍니다.

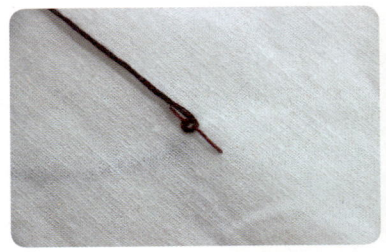
3 실을 좌·우로 원을 만들며 링을 만듭니다.

4 실을 천천히 당기면서 좌·우 기둥을 감아 돌리며 링을 만듭니다.

5 실을 천천히 당겨 감고 실 사이에 바늘을 넣어 마무리합니다. 링 스티치가 완성되었습니다.

헤링본 스티치

헤링본 스티치는 우리나라 새발뜨기 기법에 해당하는 스티치입니다.

난이도 ★★★★★

헤링본 스티치 예시

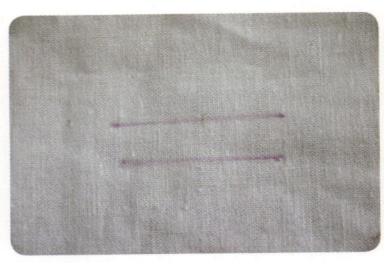
1 천 위에 평행선을 그립니다.

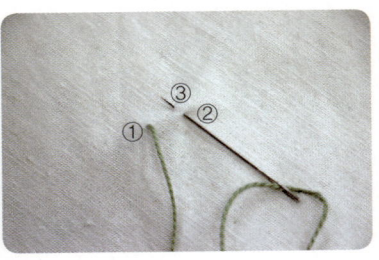
2 ①로 실을 빼서 실을 바늘 아래에 두고, 위쪽 ②에서 ③으로, 오른쪽에서 왼쪽으로 2mm 땀을 뜹니다.

3 실을 당겨 평행선 아래의 ④에서 ⑤로, 오른쪽에서 왼쪽으로 한 땀을 뜹니다.

4 실을 당겨 바늘 위에 두고 한 땀을 뜹니다.

5 계속 일정한 간격을 유지하면서 번갈아 가며 수를 놓습니다.

6 헤링본 스티치 완성

버터플라이 스티치

난이도 ★★★☆☆

스트레이트 스티치를 묶어 나비모양을 만드는 스티치입니다.

버터플라이 스티치 예시

1 세 개의 스트레이트 스티치를 놓습니다.

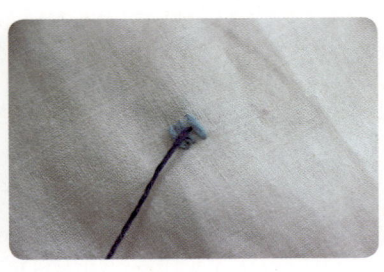

2 첫 번째 스트레이트 스티치 중간으로 실을 뺍니다.

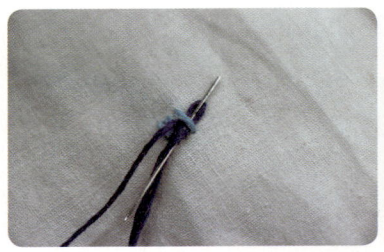

3 스티치 위로 실을 밀어 올립니다.

4 스트레이트 스티치 밑으로 바늘을 거꾸로 꺾어 넣습니다.

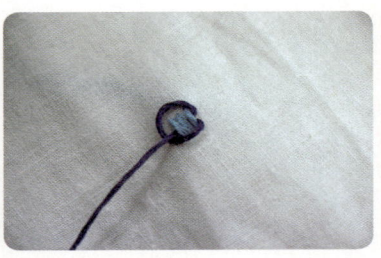

5 고리를 만듭니다.

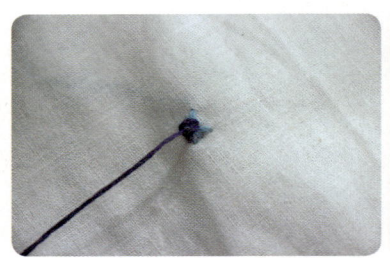

6 실을 천천히 당깁니다.

7 바늘을 스트레이트 스티치 밑으로 넣어 중간에 꽂아 뒤에서 마무리합니다.

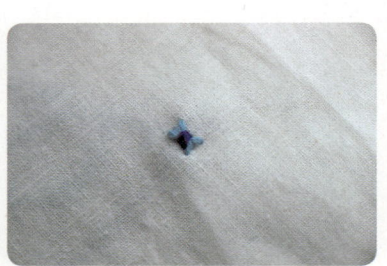

8 버터플라이 스티치 완성

크레탄 스티치

가운데를 얼기설기 엮어서 메운 스티치입니다. 보통 잎사귀를 표현하는 데 사용됩니다.

난이도 ★★★★★

TIP 스티치 간격에 따라 다양한 효과를 얻을 수 있으나 나뭇잎을 표현하고자 할 때는 간격을 촘촘히 하는 것이 좋습니다.

크레탄 스티치 예시

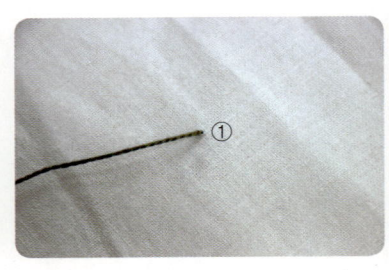
1 왼쪽 ①로 실을 뺍니다.

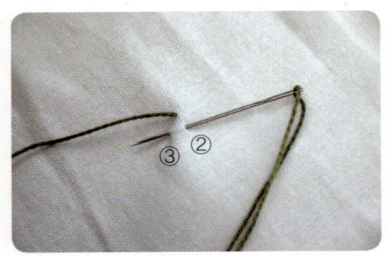
2 ②로 바늘을 넣어 ③으로 뺍니다.

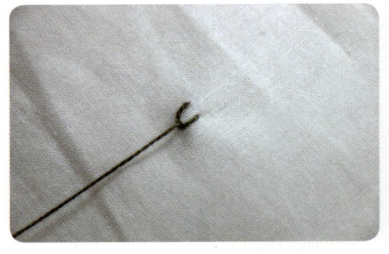
3 천에 고리가 자연스럽게 걸릴 때까지 실을 당겨 첫 번째 스티치를 완성합니다.

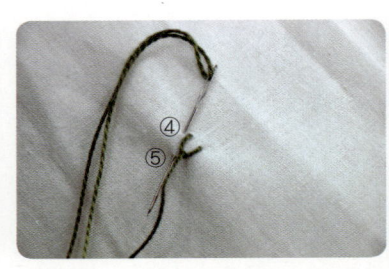
4 ④에서 ⑤로 바늘을 넣고 고리를 만듭니다.

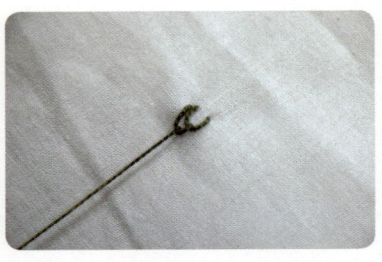
5 ④에서 ⑤로 바늘을 넣고 고리를 만들어, 실을 천천히 당깁니다.

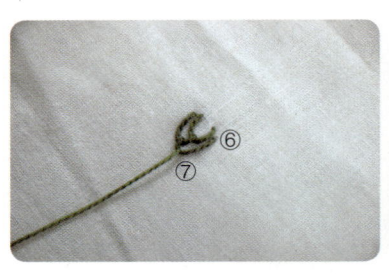
6 다시 실을 감아 ⑥에서 ⑦로 고리를 만들어, 실을 천천히 당깁니다.

7 반복하여 스티치를 놓고, 마무리는 고리 바로 아래에, 바늘을 넘어 뒤에서 매듭짓습니다.

8 크레탄 스티치 완성

피시본 스티치

나뭇잎을 촘촘히 표현하는 기법입니다.

난이도 ★★★★★
TIP 바늘 끝은 수평이 아니라 항상 비스듬히 놓아야 합니다.

피시본 스티치 예시

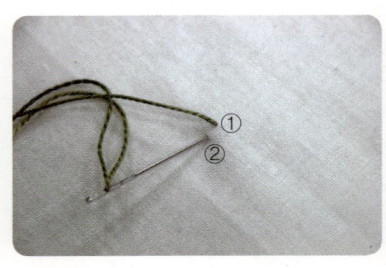

1 ①에서 ②로 바늘을 넣습니다.

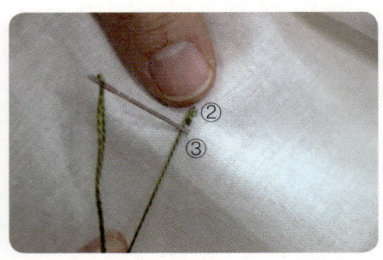

2 왼쪽 ②에서 가운데 ③으로 바늘을 넣습니다.

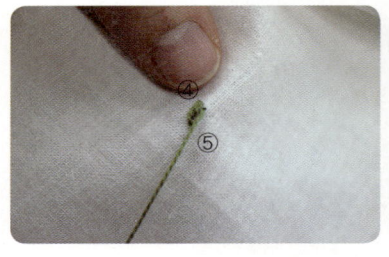

3 오른쪽 ④에서 ⑤ 가운데로 바늘을 넣습니다.

4 왼쪽, 오른쪽으로 번갈아 가며 반복하여 완성합니다.

5 피시본 스티치 완성

6 마지막 스티치 아래로 바늘을 빼서, 스티치 아래에 작은 모티브를 완성하여 나뭇잎을 표현해도 좋습니다.

새틴 스티치

가느다란 선을 이용하여 면을 메우는 스티치입니다.

난이도 ★★★☆☆
TIP 수틀을 이용하면 더욱 깔끔하게 수를 놓을 수 있습니다.

새틴 스티치 예시

1 꽃 모티브를 그립니다.

2 시작은 가운데에서 합니다.

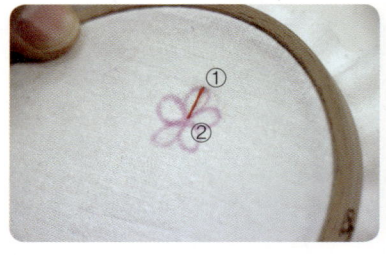
3 ①에서 실을 빼서 ②로 바늘을 넣습니다.

4 ① 왼쪽에서 실을 빼서 ②로 바늘을 넣습니다.

5 왼쪽 면을 먼저 메웁니다.

6 나머지 부분도 같은 방법으로 메웁니다.

7 반복적으로 꽃잎의 나머지 면을 메워 완성합니다.

8 꽃잎 가운데 프렌치 노트를 놓아 꽃을 완성합니다.

스파이더 웹 로즈 스티치

스트레이트 스티치를 변형한 수레바퀴 모양의 스티치입니다.
주로 장미를 표현하는 데 사용됩니다.

난이도 ★★★☆☆
TIP 기둥은 5~7개 정도로 홀수가 적당합니다.

스파이더 웹 로즈 스티치 예시

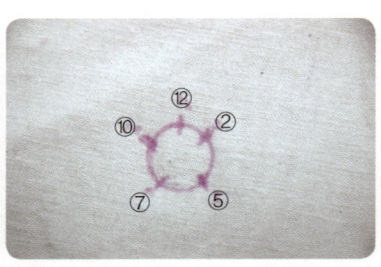

1 원을 그리고 포인트를 표시합니다.

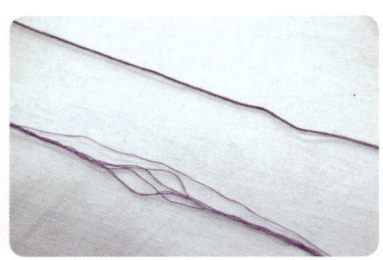

2 25번사 실을 한 가닥씩 풀어서 준비합니다.

3 12시 방향에서 2시, 5시, 7시, 10시 방향으로 실기둥을 세웁니다.

4 바퀴살 가운데로 실을 뺍니다.

5 시계 반대 방향으로 돌리며 실을 바퀴살 아래, 위에 번갈아 넣고 뺍니다.

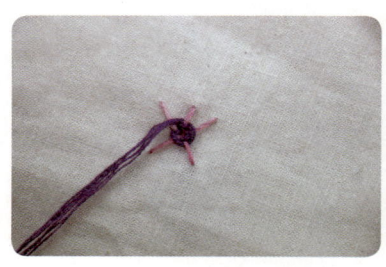

6 실을 팽팽하게 당겨서 기둥실이 보이지 않도록 중앙으로 당기면서 감습니다.

7 실이 꼬이지 않게 당기며 반복해서 한 번은 심 위로, 한 번은 심 아래로 바늘을 교차하여 통과시킵니다.

8 밑그림과 기둥실이 보이지 않을 때까지 실을 엮어 스티치 사이로 마무리하면 스파이더 웹 로즈가 완성됩니다.

휘프 스파이더 웹 스티치

거미줄을 엮어 놓은 모양의 스티치입니다.

난이도 ★★★★★

TIP 심지 개수는 6~8개가 적당하며 심지 길이가 모두 같아야 합니다.

휘프 스파이더 웹 스티치 예시

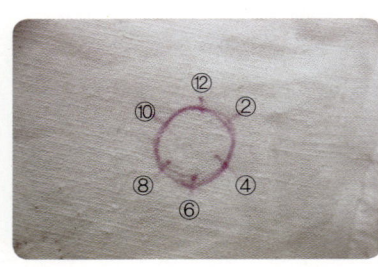
1 원을 그리고 포인트를 표시합니다.

2 스트레이트 스티치로 짝수의 심을 방사상으로 만듭니다.

3 기둥 가운데로 실을 뺍니다.

4 두 개의 심을 지나갑니다.

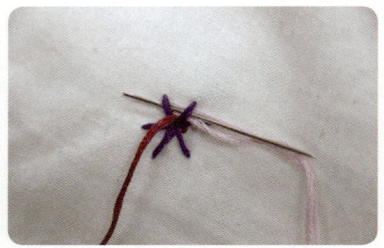
5 두 번째 심으로 되돌아와서 세 번째 심으로 지나갑니다.

6 고리를 만들어 심지를 휘감습니다.

7 다시 세 번째 실로 되돌아와 네 번째 심 밑으로 지나갑니다.

8 세 번째 심지를 실로 휘감습니다.

9 같은 방법으로 심지를 통과하여 실을 휘감습니다.

10 심지 사이에서 마무리하고 스티치를 완성합니다.

페더체인 스티치

레이지데이지로 수를 놓으면서 버티컬 스티치를 지그재그 형태로 변형하는 스티치입니다.

난이도 ★★☆☆☆
TIP 진행 방향은 아래쪽으로 향하게 하여 수를 놓습니다.

페더체인 스티치 예시

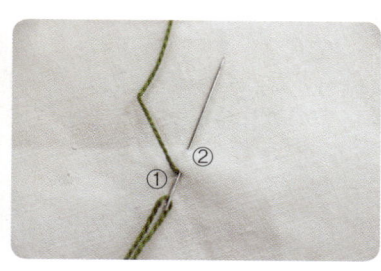

1 ①로 바늘을 빼서 다시 ①로 넣고, ②로 바늘을 뺍니다.

2 바늘에 실을 걸어서 고리를 만듭니다.

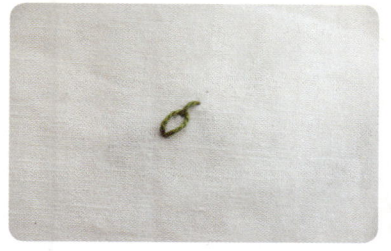

3 실을 당겨서 길게 버티컬 스티치로 고리를 고정하고 첫 번째 스티치를 완성합니다.

4 ③으로 바늘을 빼고 다시 ③으로 넣고, ④로 바늘을 뺍니다. 스티치 끝으로 바늘을 빼면 됩니다.

5 고리를 만들어 버티컬 스티치를 사선으로 놓고 두 번째 스티치를 마무리합니다.

6 세 번째 스티치는 두 번째 스티치 고리 왼쪽으로 나와 오른쪽 대각선으로 마무리합니다.

7 버티컬 스티치를 지나가며 지그재그로 반복합니다.

8 페더체인 스티치 완성

블리온 노트 로즈 스티치

난이도 ★★★★★

입체감 있게 표현하고자 할 때 사용하는 스티치입니다.

블리온노트로즈 스티치 예시

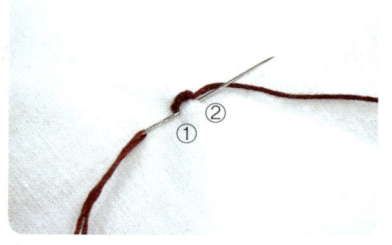

1 블리온 노트 스티치를 참조하여 수를 놓습니다. ①에서 ②로 실을 뺍니다.

2 바늘을 세워 잡고 5~8회 실을 휘감습니다.

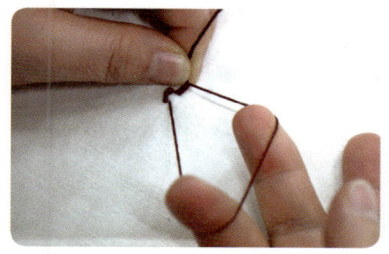

3 바늘을 당기고 느슨해진 실을 왼손과 오른손을 이용하여 모양을 만듭니다.

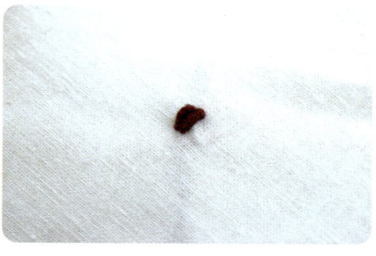

4 블리온 노트 스티치를 완성하여 블리온 로즈 중심을 만듭니다.

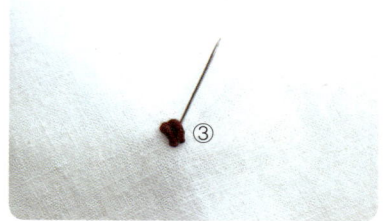

5 ③으로 바늘을 뺍니다.

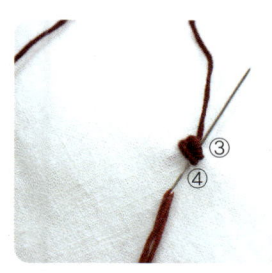

6 ④에서 ③으로 바늘을 완전히 빼지 않고 천에 바늘을 걸칩니다.

7 바늘을 세워 잡고 9회 실을 휘감습니다.

8 바늘을 당기고 느슨해진 실을 왼손과 오른손을 이용하여 모양을 만듭니다.

9 실을 팽팽하게 당겨 중심 스티치를 감쌉니다.

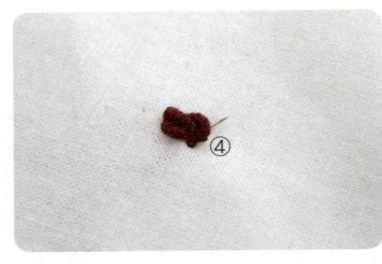

10 ④로 바늘을 넣어 매듭을 지어 첫 번째 꽃잎을 완성합니다.

11 첫 번째 꽃잎 1/3 지점, ⑤에서 ⑥으로 바늘을 뺍니다.

12 실을 9회 감습니다.

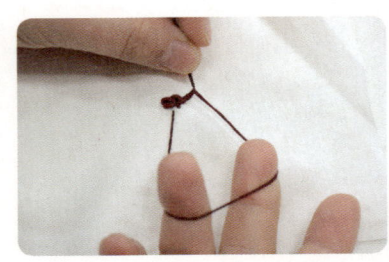

13 바늘을 빼면서 왼손과 오른손으로 실을 당겨 모양을 만들어 만듭니다.

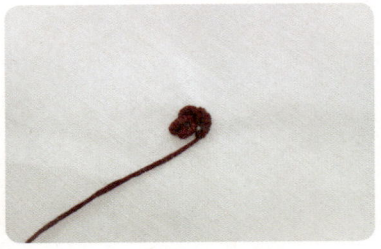

14 두 번째 꽃잎을 완성합니다. ⑤로 바늘을 넣어 매듭을 짓습니다.

15 두 번째 꽃잎의 1/3 지점으로 ⑦에서 ⑧로 바늘을 뺍니다.

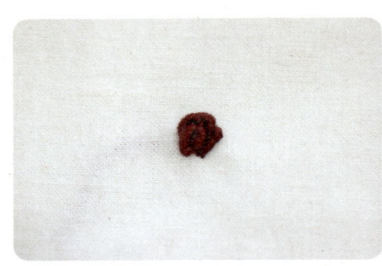

16 실을 당겨 모양을 만들고 ⑦로 매듭을 지어 3번째 꽃잎을 완성합니다.

17 네 번째, 다섯 번째 꽃잎도 같은 방법으로 반복하여 실을 9회 감아 꽃잎을 만듭니다.

18 중심 스티치를 다섯 개의 꽃잎으로 감싸 첫 단 안쪽 꽃을 완성합니다.

19 ⑧에서 ⑨로 바늘을 뺍니다. 이때 2mm 정도 간격을 두고 ⑨로 바늘을 빼고, 실을 10회 감습니다.

20 두 번째 단 첫 꽃잎을 만듭니다.

21 계속 같은 방법으로 꽃잎 1/3 정도 지점으로 바늘을 뺍니다.

22 두 번째 단 6번째 꽃잎까지 10회는 감습니다.

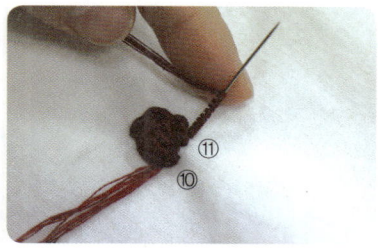

23 마지막 꽃잎은 2mm 간격을 두었던 꽃잎사이에 바늘을 넣어 6번째 꽃잎 1/3 지점 ⑩에서 ⑪로 바늘을 뺍니다.

24 간격 사이로 꽃잎이 들어갈 수 있도록 합니다.

25 ⑩로 바늘 넣어 마무리합니다.

26 블리온 노트 로즈 스티치 완성

블리온 노트 스티치

난이도 ★★★★★

블리온 노트 스티치는 다양한 종류의 입체감을 표현할 수 있는 스티치입니다.

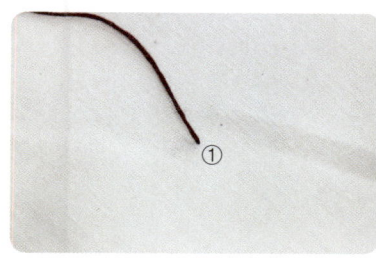

1 ①로 실을 뺍니다.

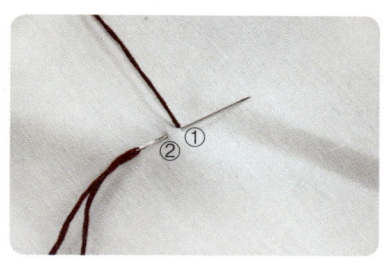

2 ②로 다시 바늘을 넣어서 ① 옆으로 (약2mm) 정도 간격을 두고 천에 바늘을 꽂은 채 그대로 둡니다.

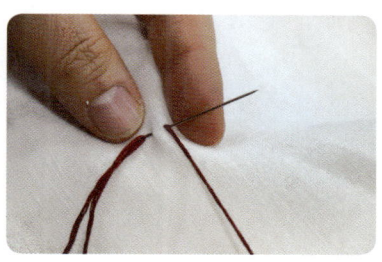

3 왼손 엄지로 바늘귀를 누르고 바늘을 세워 고정시킵니다.

4 실을 바늘 끝에 약 5~8회 정도 휘어 감습니다.

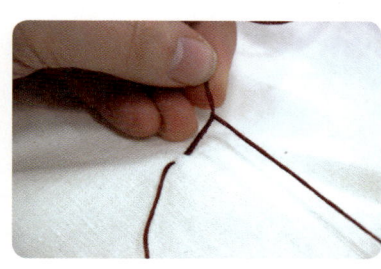

5 실을 당기면서 천천히 바늘을 뺍니다.

6 바늘이 통과할 때 느슨해진 실을 고정합니다. 바늘과 실은 왼손으로 잡고, 고리 실은 오른쪽으로 당겨 모양을 잡습니다.

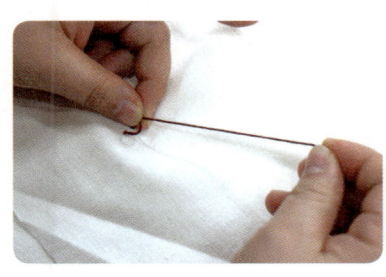

7 왼쪽 엄지와 검지로 스티치를 잡고 오른손으로 바늘 실을 천천히 잡아 당기며 스티치를 통과해 바늘을 뺍니다.

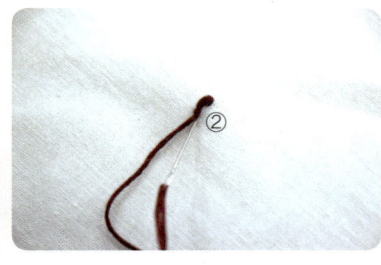

8 손으로 모양을 잡아 주고 ②에 바늘을 꽂아 마무리합니다.

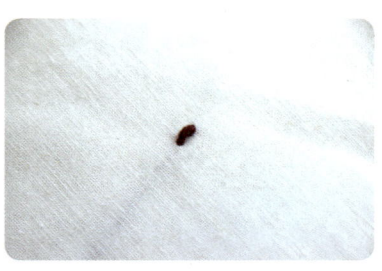

9 블리온 노트 스티치 완성

블리온 노트 데이지 스티치

난이도 ★★★★★

블리온 노트 스티치로 고리를 만들어 수를 놓는 기법입니다.

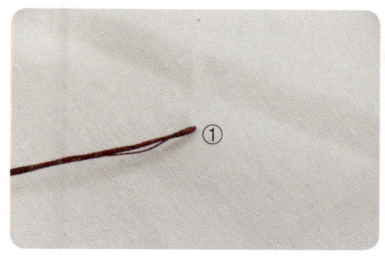

1 ①로 실을 뺍니다.

2 ① 위에 바늘을 올려놓습니다.

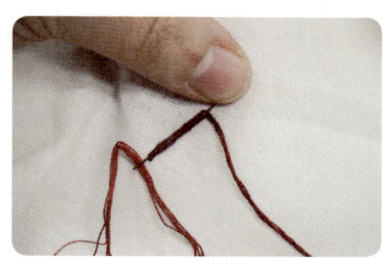

3 바늘에 10회 정도 실을 감습니다.

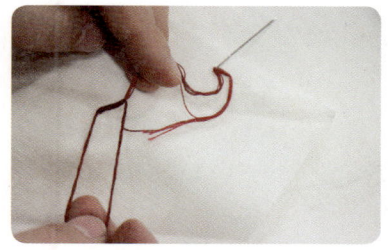

4 실에서 바늘을 빼고, 왼손과 오른손으로 실을 당겨 모양을 잡습니다.

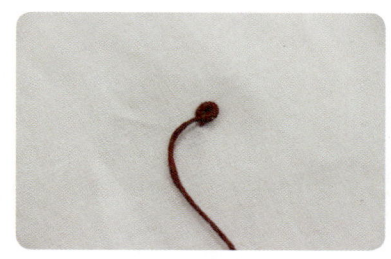

5 실을 둥글게 말아 감습니다.

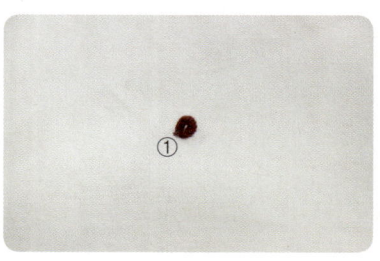

6 ①로 바늘을 넣으면, 링 모양이 생깁니다.

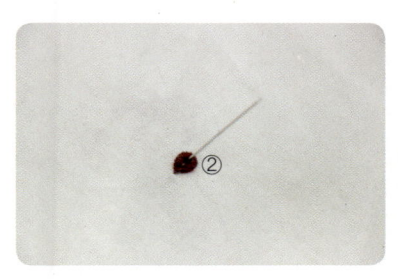

7 ②로 바늘을 뺍니다.

8 ③으로 바늘을 넣어 링을 고정합니다.

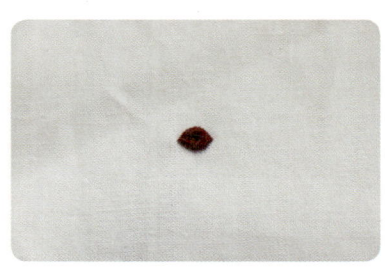

9 블리온 노트 데이지 스티치 완성

휘프 러닝 스티치

다른 색의 두 실을 이용하여 수를 놓는 스티치입니다.

난이도 ★☆☆☆☆

TIP 위, 아래로 번갈아 가며 수를 놓지 않습니다.

휘프 러닝 스티치 예시

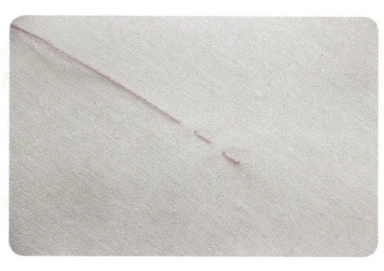

1 적당한 간격을 유지하며 왼쪽에서 오른쪽으로 한 땀 한 땀 수를 놓습니다.

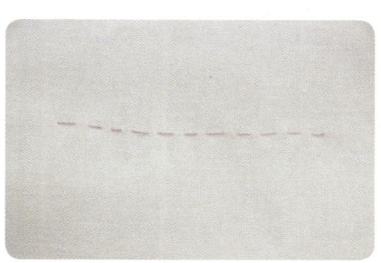

2 홈질과 같은 러닝 스티치입니다. 원하는 길이만큼 수를 놓습니다.

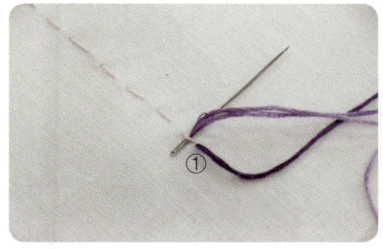

3 다른 실을 이용하여 ①로 바늘을 뺍니다.

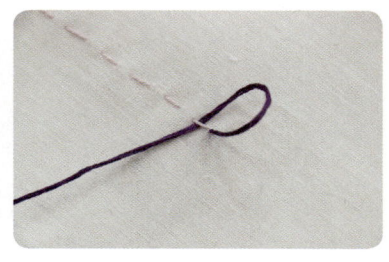

4 러닝 스티치의 첫 땀 아래에서 실을 빼어 천을 꿰지 않고 땀 수 위를 지나갑니다.

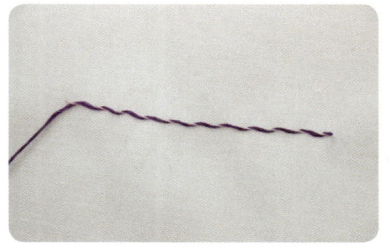

5 바늘귀를 이용하여 위에서 아래로 러닝스티치를 휘감습니다.

6 러닝 스티치의 끝에서 마무리합니다.

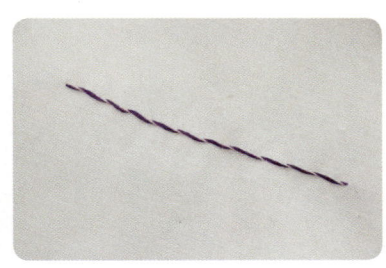

7 휘프 러닝 스티치 완성

블랭킷 스티치

난이도 ★★★★★

블랭킷 스티치는 원래 담요의 가장자리를 감침질할 때 사용하는 기법으로 다양한 응용을 할 수 있는 스티치입니다.

블랭킷 스티치 예시

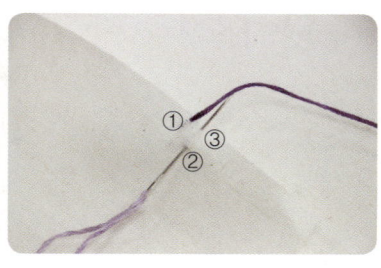
1 ①에서 실을 빼고, ②에서 ③으로 바늘을 넣습니다.

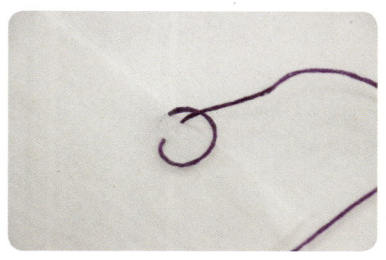
2 실을 바늘 아래에 두고 실을 당깁니다.

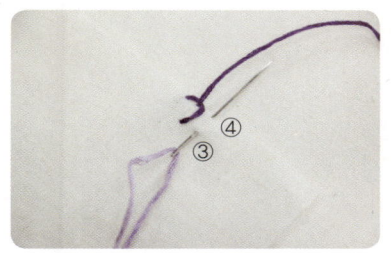
3 ③에서 ④로 바늘을 넣어서 뺍니다.

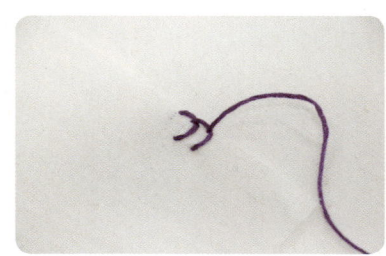
4 바늘 아래에 실이 있는지 확인 후 당깁니다.

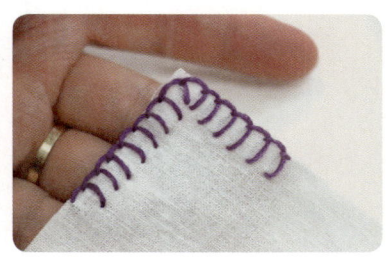
5 일정한 간격을 두고 스티치를 놓고 끝맺음은 마지막 스티치 뒤에서 맺습니다.

롱 앤드 쇼트 스티치

같은 계통의 다른 색 실을 이용하여 그러데이션으로
면을 채우는 스티치입니다.

난이도 ★★★★★
TIP 분할이 정말 중요한 스티치입니다.

롱 앤드 쇼트 스티치 예시

1 천에 수틀을 끼웁니다.

2 수를 놓을 꽃잎을 분할합니다.

3 긴 스트레이트 스티치와 짧은 스트레이트로 길고 짧게 반복하여 수를 놓습니다.

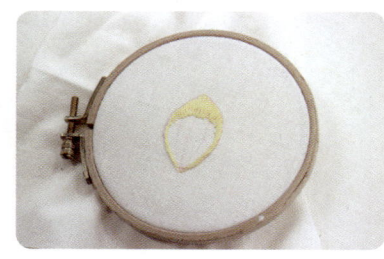

4 왼쪽, 오른쪽에 수를 놓습니다.

5 다른 컬러의 실로 바꿔 끼우고 첫 번째 스티치 중간 사이에서 바늘을 빼서 스트레이트 스티치로 길고, 짧게 수를 놓습니다.

6 두 번째 스티치를 완성합니다.

7 세 번째도 다른 컬러의 실로 바꿔 끼워 중간 사이에서 바늘을 빼서 길고, 짧게 스트레이트 스티치로 수를 놓아 면을 메워 완성합니다.

8 롱 앤드 쇼트 스티치 완성

레이지 데이지 스티치와
더블 레이지 데이지 스티치

난이도 ★★★★★

꽃이나 작은 잎을 간단히 수놓을 때 좋은 스티치입니다.

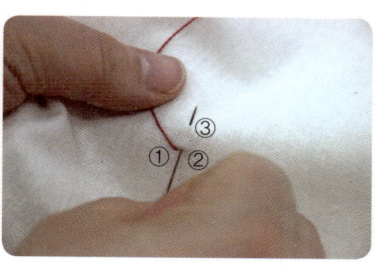
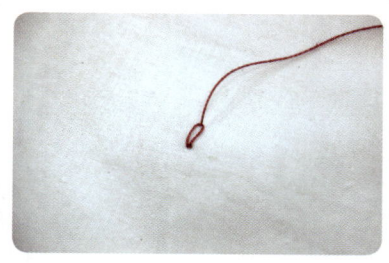

1 아래에서 위로 수를 놓습니다. ①로 실을 빼서 ① 가까운 곳, ②로 바늘을 넣어 ③으로 뺍니다.

2 고리를 만들어 실을 바늘 아래에 둡니다.

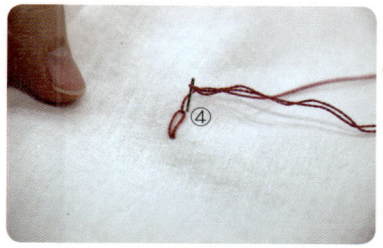
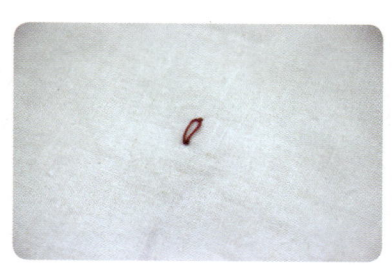
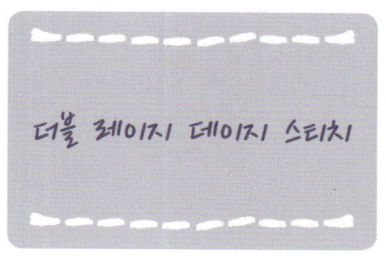

3 ④로 바늘을 넣어 버티컬 스티치로 고리를 고정합니다.

4 레이지 데이지 스티치 완성

레이지 데이지 스티치 안에 작은 레이지 데이지 스티치를 놓는 스티치입니다.

TIP 첫 번째 레이지 데이지를 크게 놓습니다.

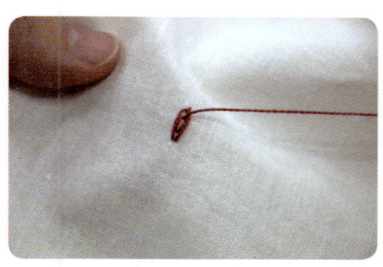
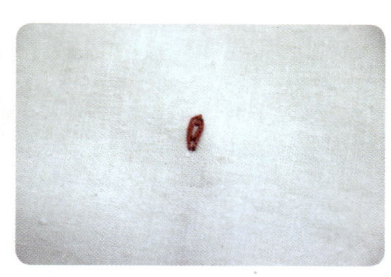

1 레이지 데이지 스티치 안쪽에 같은 방법으로 레이지 데이지 스티치를 완성합니다.

2 더블 레이지 데이지 스티치 완성 (두 개의 레이지 데이지 스티치는 각각 별개의 스티치입니다.)

 ## 휴대용 이어폰 보관함 16쪽

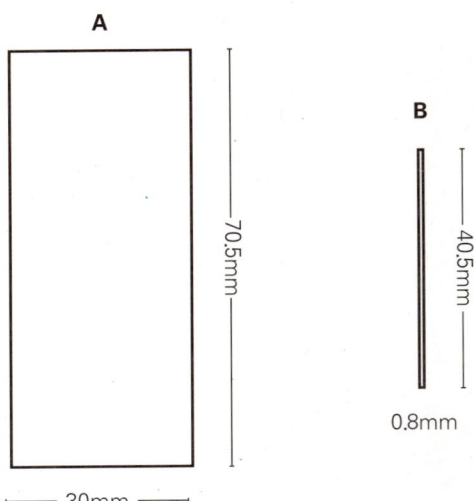

 ## 천연 소가죽 다이어리 커버 22쪽

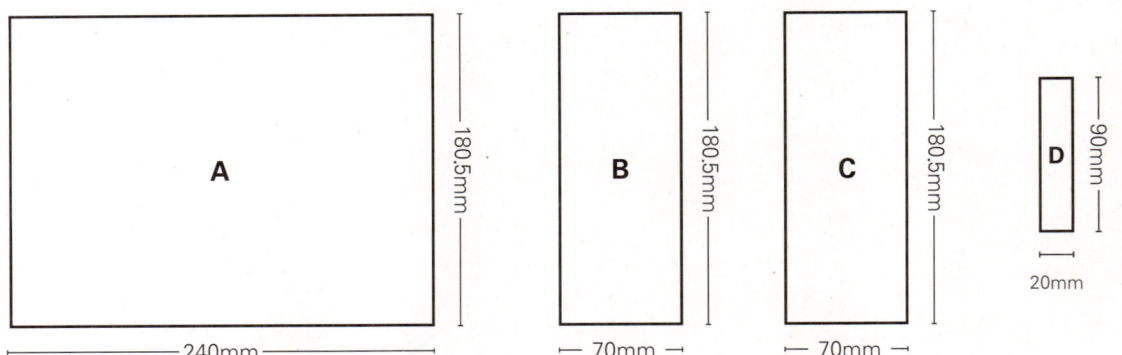

 ## 반달파우치 28쪽

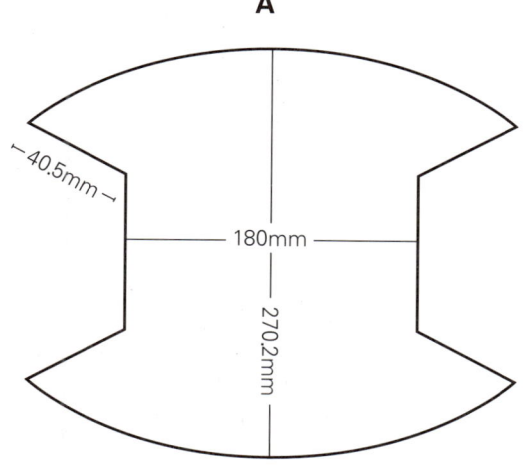

A

B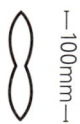

100mm

 ## 가죽필통 35쪽

A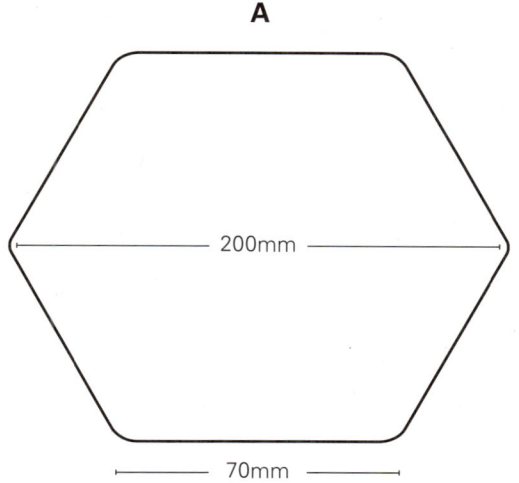

B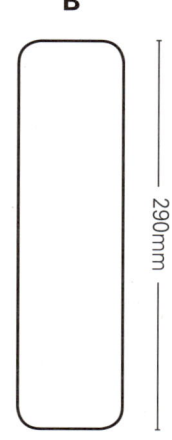

가죽공예 선글라스 케이스 39쪽

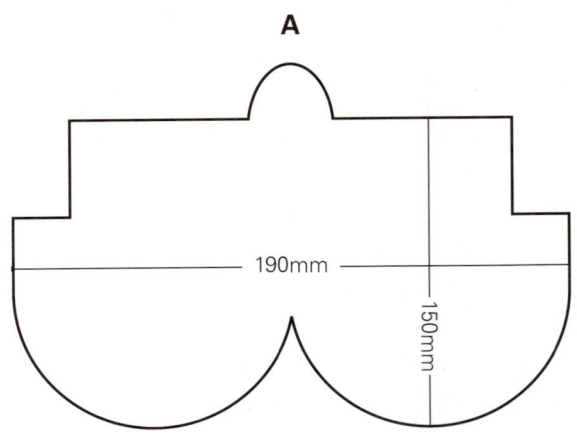
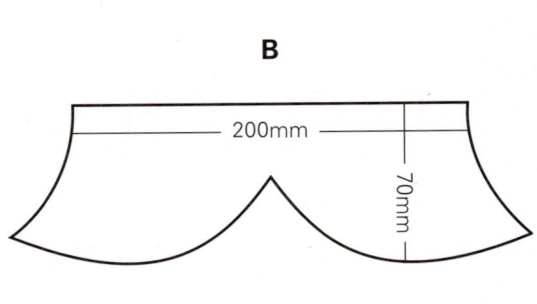

가죽공예 명함카드 지갑 44쪽

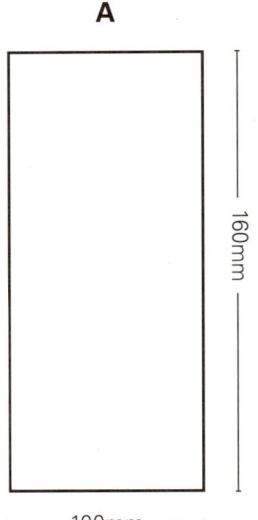
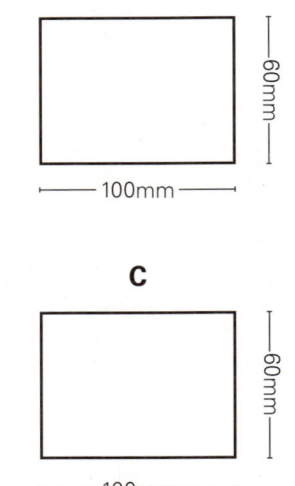
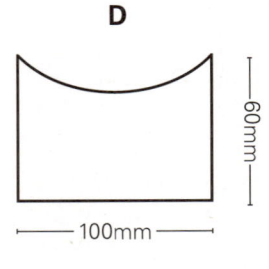

 여성 장지갑 49쪽

A

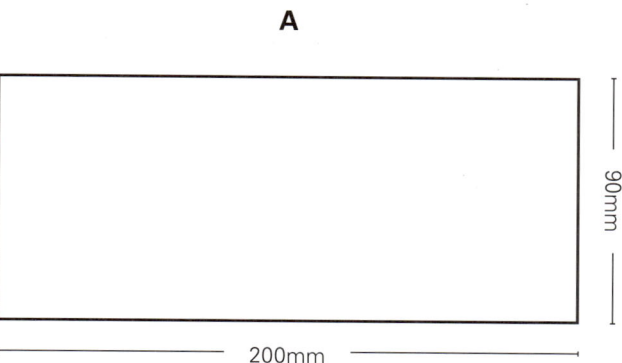

B

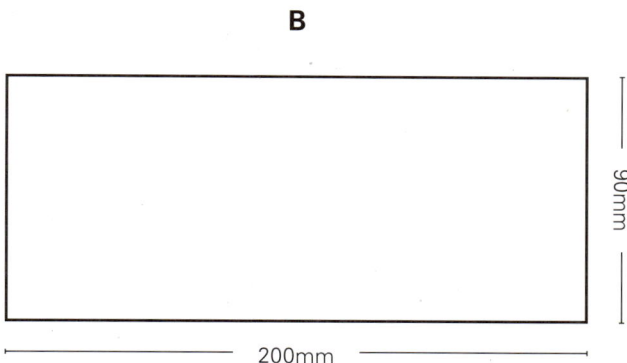

C

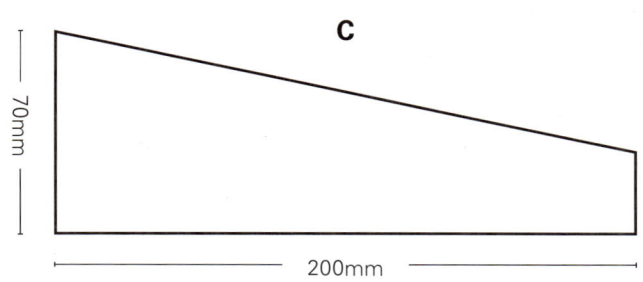

가죽공예 남성용 머니클립 반지갑 56쪽

A — 230.5mm × 80mm

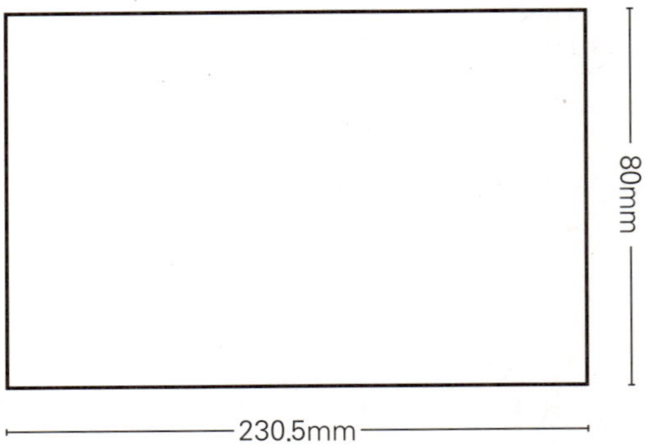

B — 220mm × 80mm

C — 100mm × 40.8mm

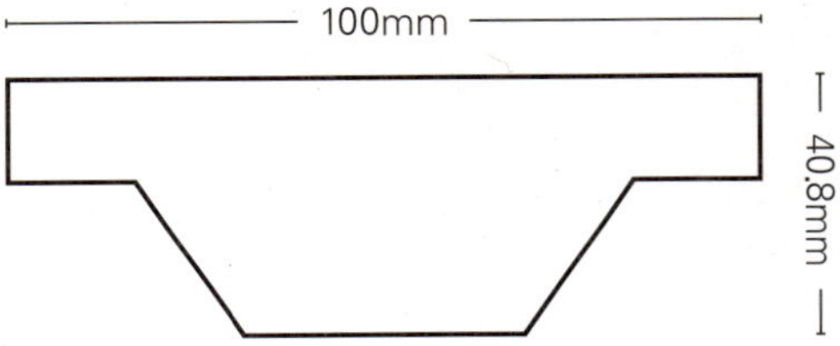

D — 100mm × 40.8mm

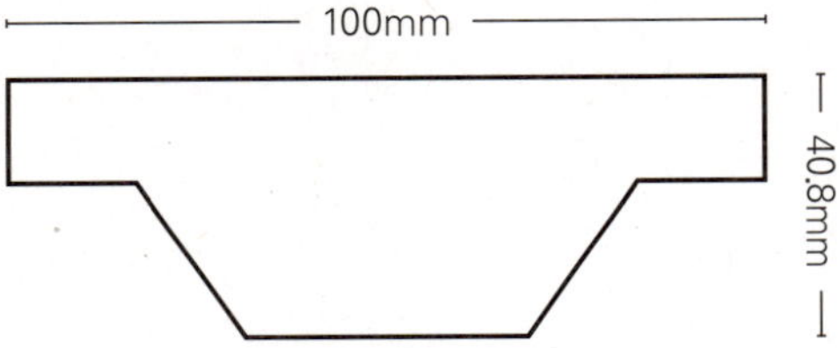

E — 100mm × 40.8mm

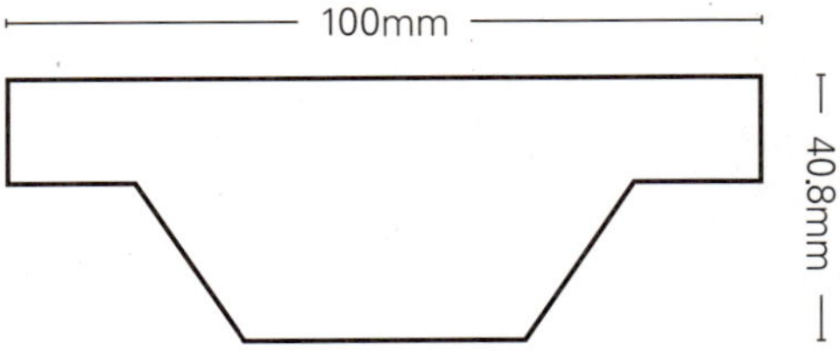

F — 100mm × 40.8mm

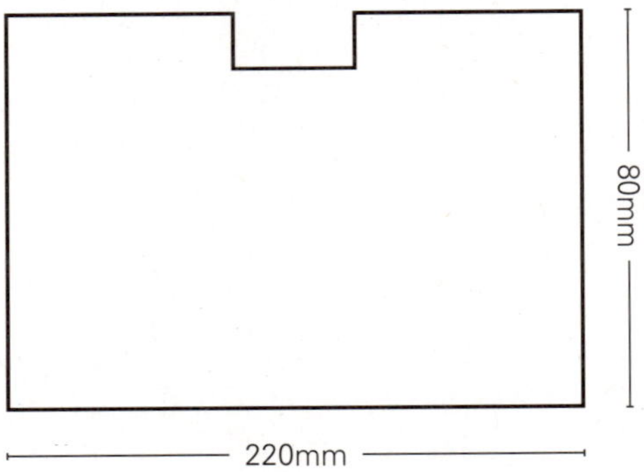

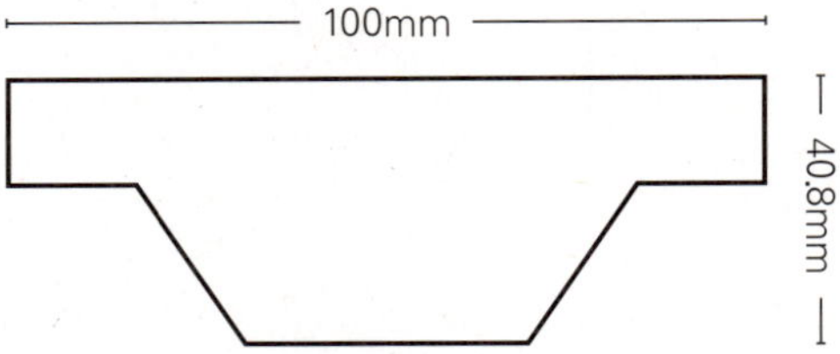

G — 100mm × 40.5mm

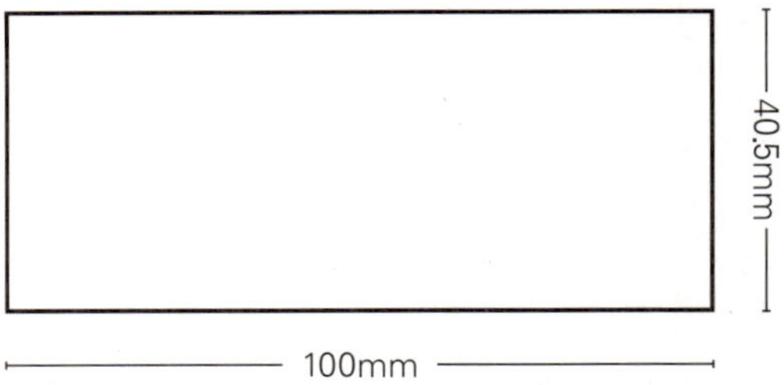

H — 100mm × 40.5mm

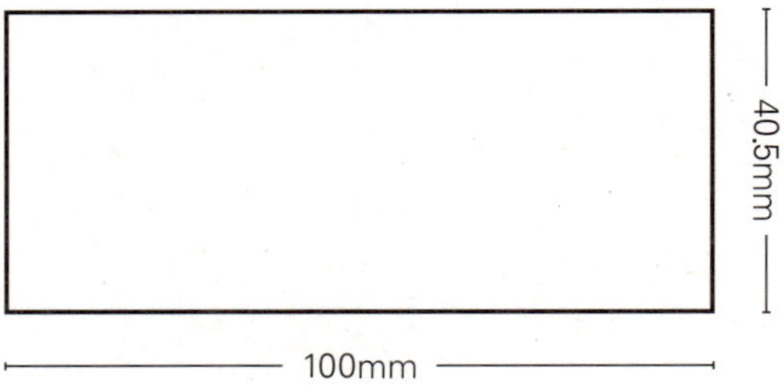

 가죽공예 전각칼 케이스 61쪽

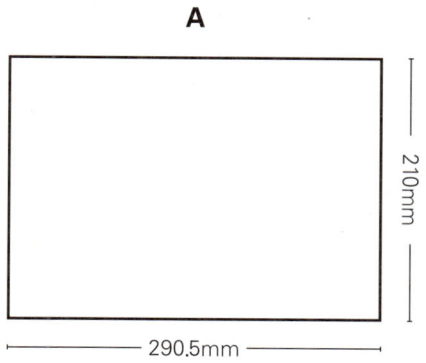
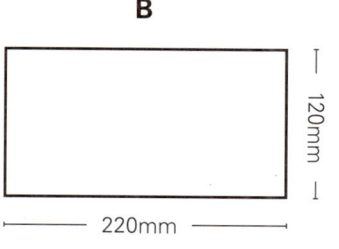
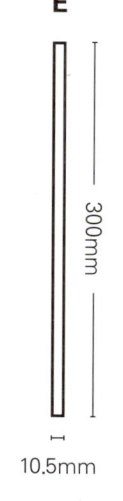
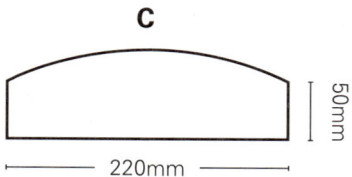
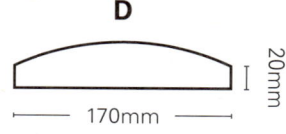
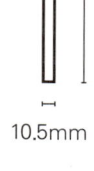

 가죽공예 도장 케이스 68쪽

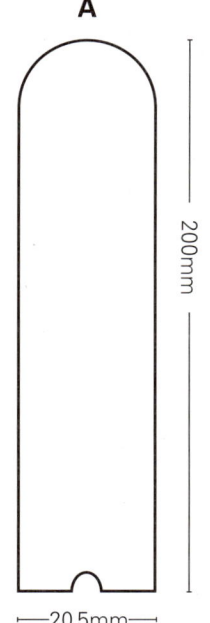
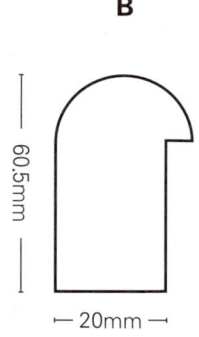

도안

 기저귀 백팩 118쪽

① 포켓 A(무지원단)

쟈크 260mm=2개

- 250mm × 360mm 1장
- 250mm × 170mm 1장
- 250mm × 150mm 1장

* 빨강 표시는 장수입니다.

② 앞판 B(겉감, 안감, 퀼팅솜 각각 재단)

- 250mm × 360mm 1장
- 70mm × 420mm 2장

③ 아래포켓 C(무지원단)

- 350mm × 180mm 2장
- 350mm × 140mm 1장

④ 윗뚜껑 D(겉감, 안감, 퀼팅솜 각각 재단)

- 350mm × 160mm 1장

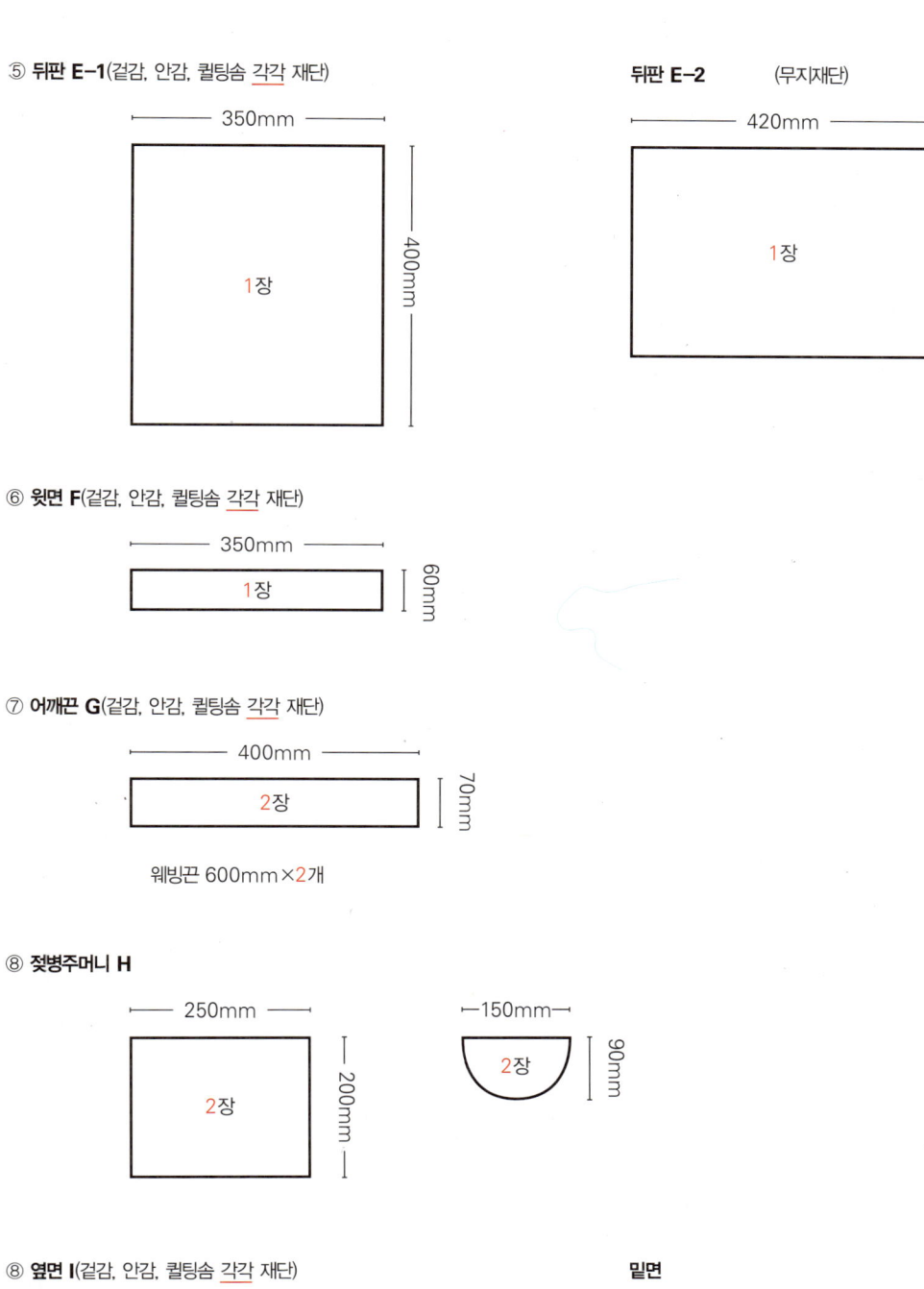

 ## 수유용품 가방 125쪽

① **겉감 A**　　포켓　　　　　　　　　　　　　　　　　　　　　　옆포켓

- 370mm × 320mm — 1장
- 370mm × 220mm — 1장
- 40mm × 220mm — 2장

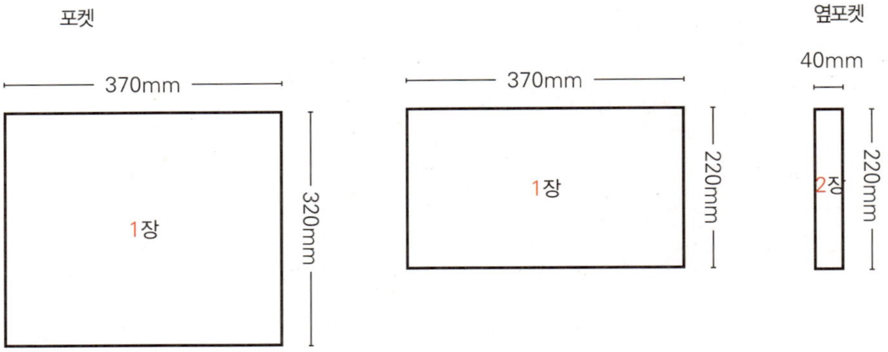

② **겉감 B**　　앞판　　　　　　　　옆면　　　　　　　　밑면

- 370mm × 350mm — 2장
- 370mm × 160mm — 2장
- 350mm × 160mm — 1장

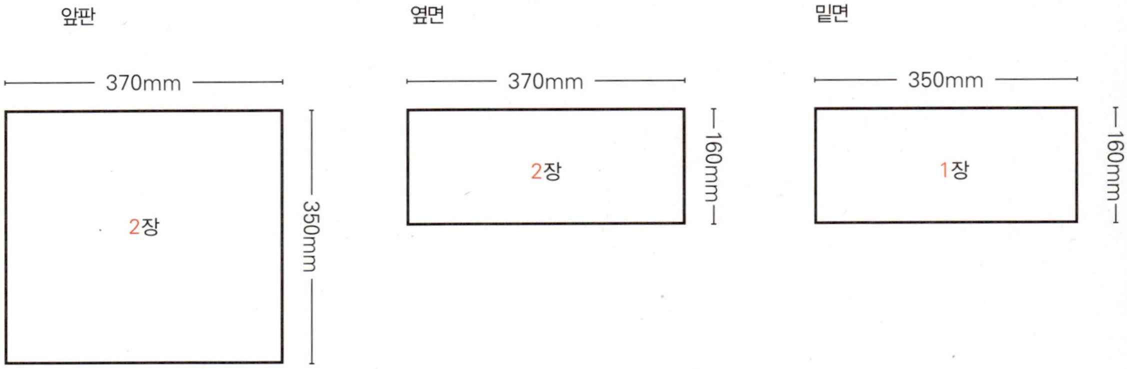

③ **안감 A**　　앞판　　　　　　　　옆면　　　　　　　　밑면

- 370mm × 350mm — 2장
- 370mm × 160mm — 2장
- 350mm × 160mm — 1장

속주머니 A(고무줄160mm)　　　　　속주머니 B

- 470mm × 300mm — 1장
- 370mm × 220mm — 1장

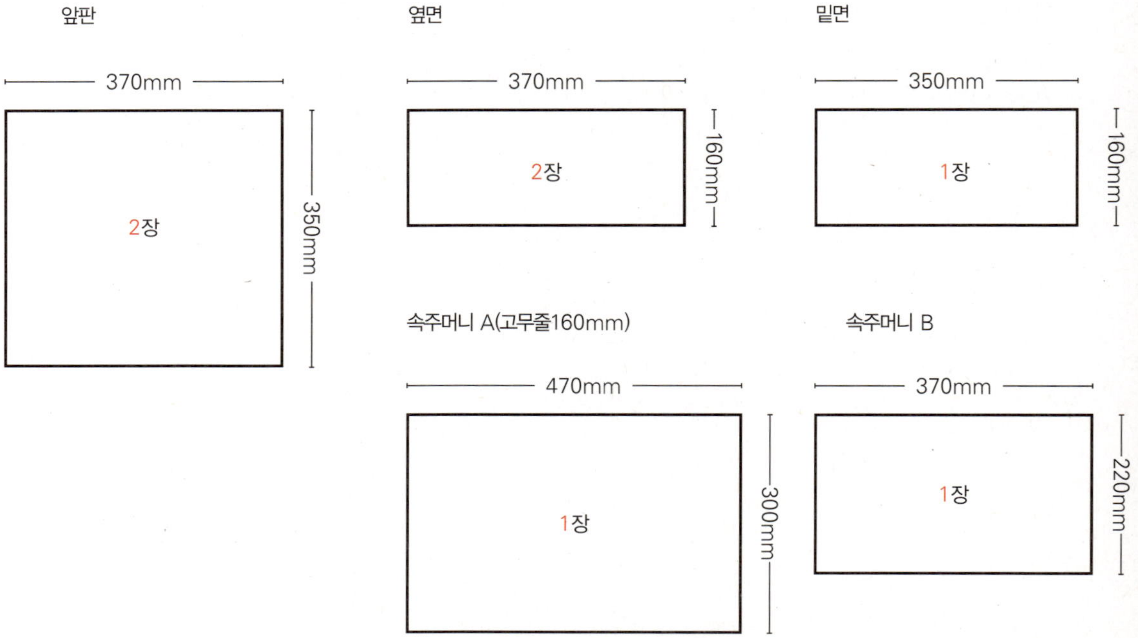

④ **안감 B**　　젖병주머니(고무줄180mm)

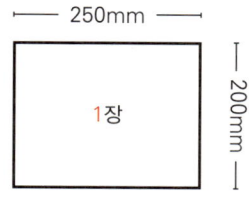 

⑤ **뚜껑**(겉감, 안감, 각각 재단)

쟈크 340mm　　340mm

2장　90mm

⑥ **끈(웨빙)**

웨빙끈 480mm×2개

 아기배낭 130쪽

① 겉감(퀼팅솜 각각 재단)

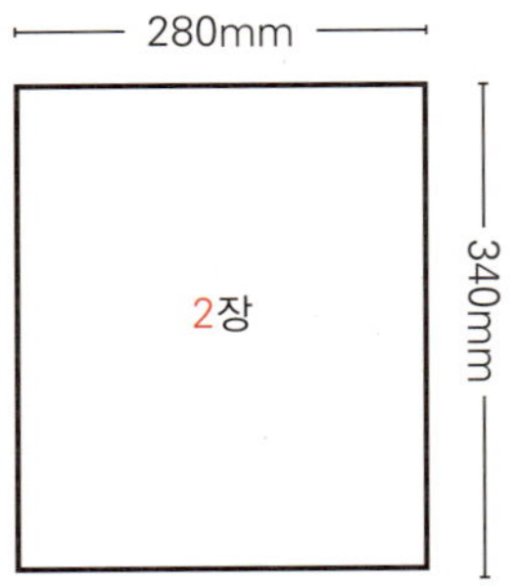

280mm / 340mm / 2장

옆면

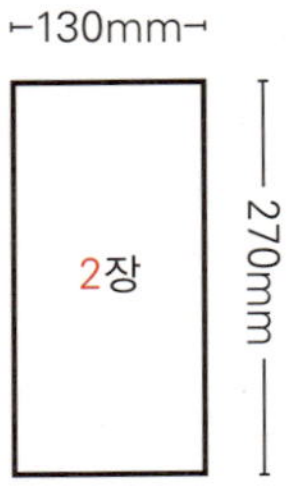

130mm / 270mm / 2장

뚜껑

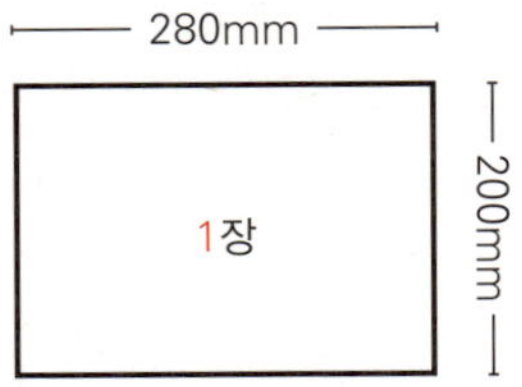

280mm / 200mm / 1장

② 안감

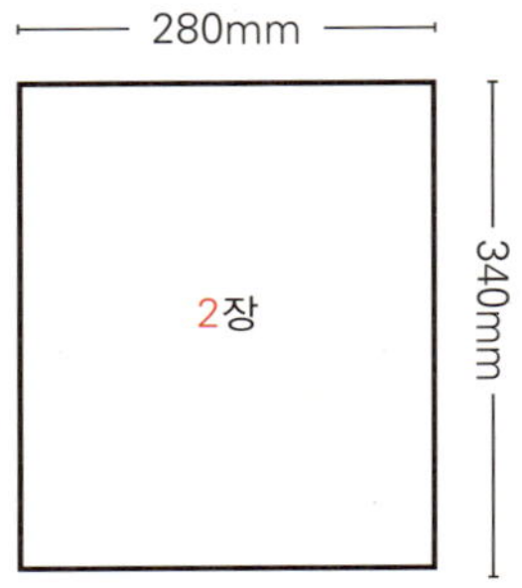

280mm / 340mm / 2장

옆면

130mm / 270mm / 2장

뚜껑

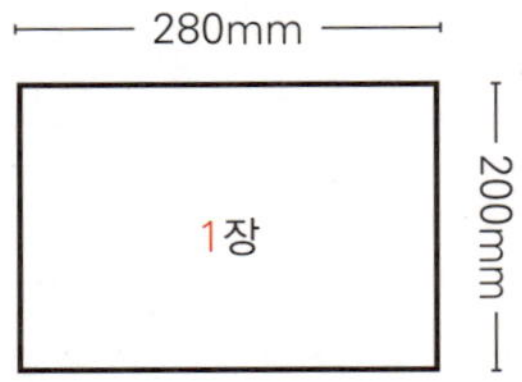

280mm / 200mm / 1장

③ 끈(겉감, 안감, 각각 재단)

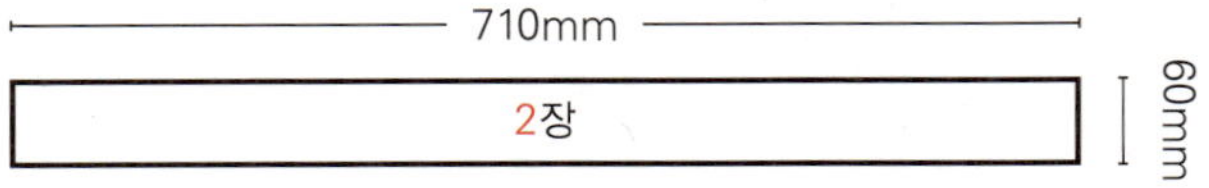

710mm / 60mm / 2장

④ 주머니

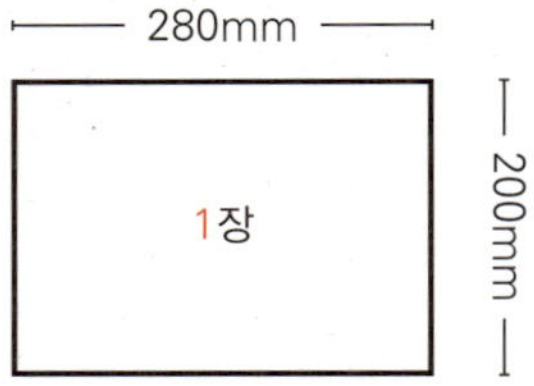

280mm / 200mm / 1장

⑤ 고리

150mm / 100mm / 2장

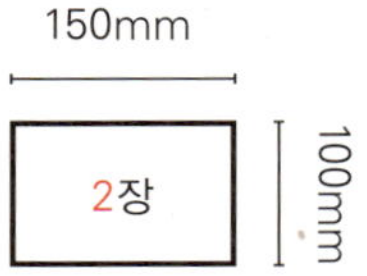

⑥ 칸막이고리

120mm / 100mm / 2장

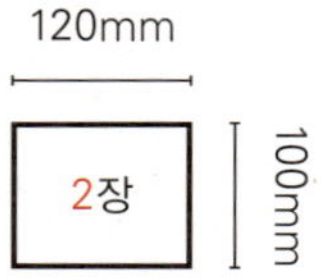

 홈패션

물통파우치 134쪽

① 겉감 A

② 겉감 B

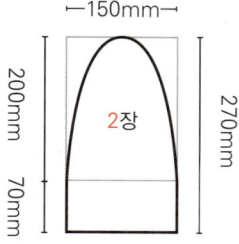

③ 안감(무지)

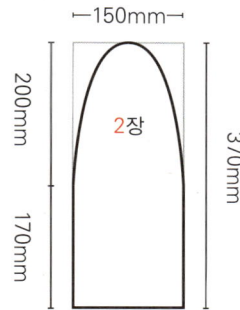

④ 끈

면생리대 148쪽

대형
- 340mm / 90mm / 100mm / 150mm
- 220mm

중형
- 300mm / 90mm / 100mm / 110mm
- 200mm

소형
- 240mm / 60mm / 100mm / 80mm
- 200mm

팬티라이너
- 210mm / 50mm / 90mm / 70mm
- 190mm

대형: 280mm × 280mm
중형: 260mm × 240mm
소형: 240mm × 180mm

※ 가로 4등분 접어서 박음질

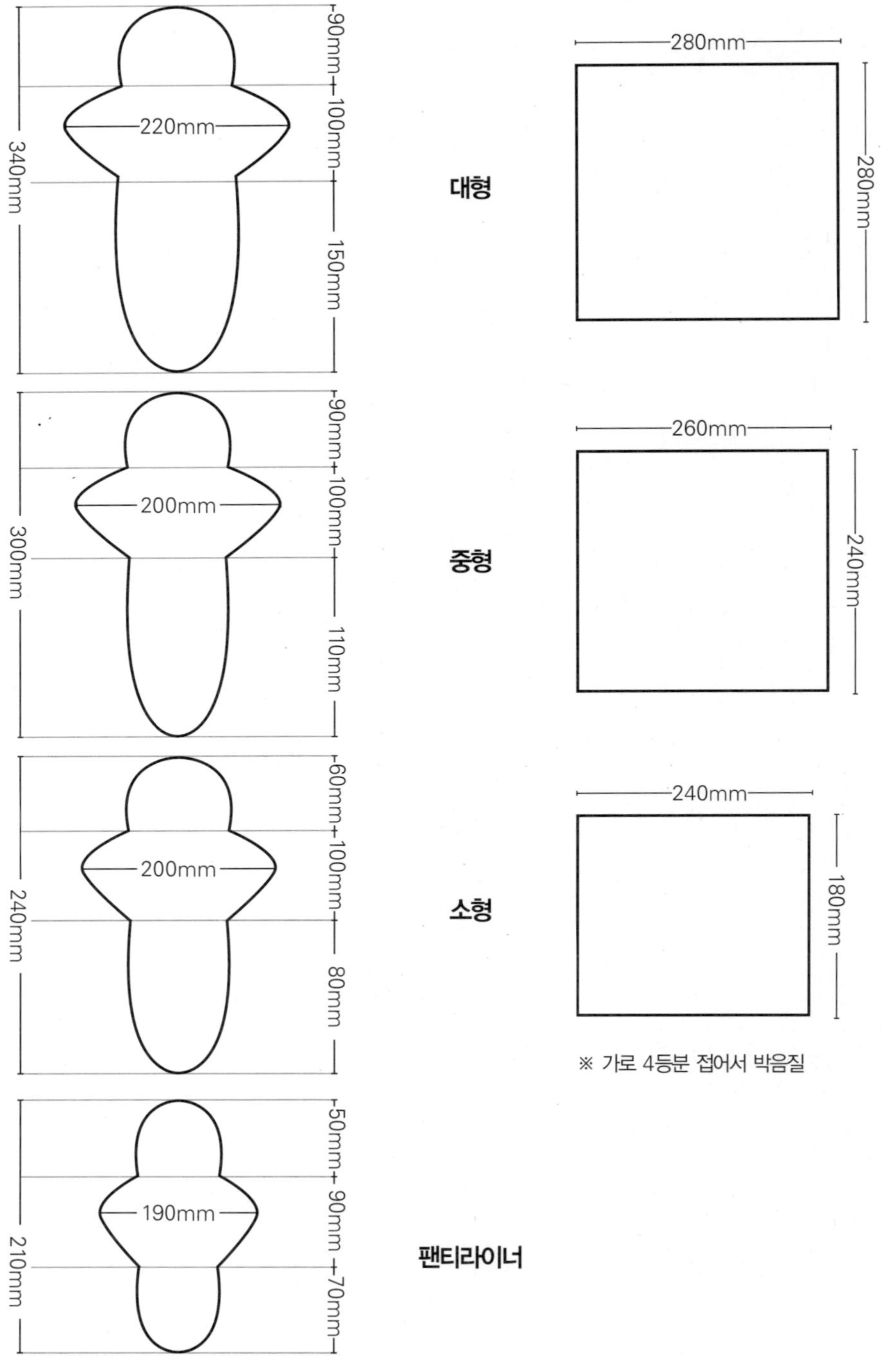

※ 겉감 2, 융 1, 방수 1, 장 재단 (시접포함 → 둘레전체 1cm)

 데님원피스 앞치마 158쪽

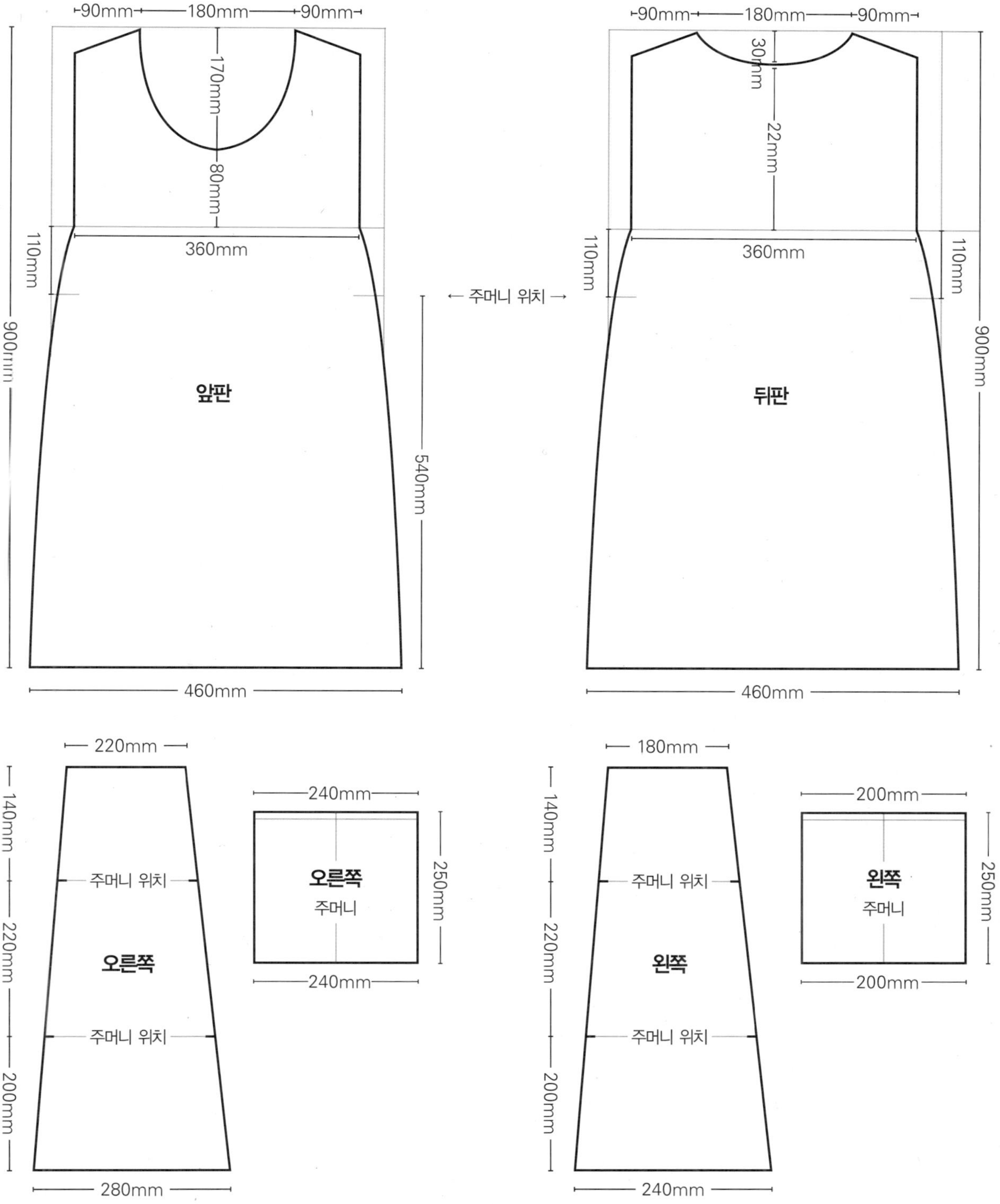